Karl Johaentges

DÄCHER ÜBER
BERLIN

Seite 1: Historisches Toilettenhäuschen in Schöneberg
Seiten 2/3: Figurengruppe auf dem Dach des Zeughauses

Karl Johaentges

DÄCHER ÜBER BERLIN

Mit einem einleitenden Text von Falk Jaeger

HINSTORFF

HIMMELWÄRTS! DEM MÄRKISCHEN SAND ENTRINNEN!

Zu allen Zeiten fand es der Mensch erstrebenswerter, in die Höhe zu gelangen, als sich in den Untergrund zu wühlen. Es dem Vogel nachzutun, schien schon immer attraktiver zu sein als dem Wurm ins dunkle, feuchte Element zu folgen. Und immer war es ein Akt der Befreiung. Die Mühsal der täglichen Existenzsicherung findet am Boden statt. Bäume und Berge zu erklettern, Türme zu bauen, daran ist erst zu denken, wenn die Grundbedürfnisse gedeckt sind. Licht, Luft und Aussicht genießen zu können, war noch vor wenigen Generationen ein Privileg, das nur einer Minderheit zuteil wurde. Und selbst wenn die Bediensteten im Haus des Bürgers oder die Schlafburschen in den Mietskasernen der Gründerzeit ihre Strohsäcke hoch droben unter dem Dach hatten, so bot sich ihnen keine Chance, dies als Vorzug erleben zu können. Statt der Dachterrasse mit wunderbarer Aussicht stand ihnen die kaum beheizbare Dachkammer zur Verfügung, schlecht ausgebaut und oft nicht wind- und wasserdicht. Carl Spitzweg hat die Verhältnisse in seinem berühmten Bild »Der arme Poet« für alle Zeiten festgehalten. »Und fragst du auch, wo die frischesten, originellsten Schöpfungen in allen Künsten entstanden sind, so wird meistens die Antwort sein: in einer Dachstube!«, schrieb Wilhelm Raabe 1854 in seiner »Chronik der Sperlingsgasse« und verwies auf Jean-Jacques Rousseau und Jean Paul, die an einem derartigen Ort ihre glühendsten, erschütterndsten Bücher verfasst hätten.

Nun, die Berliner Dächer sind nicht im selben Maß wie die »Mansardedächer« in Paris bewohnt gewesen. Mansarden gab es zunächst nur bei den viergeschossigen Mietshäusern der 1860er-Jahre. Im überhitzten Bauboom der Gründerzeit stieg die Zahl der Vollgeschosse rasch auf sechs, bis die neue Bauordnung 1887 die Begrenzung auf vier Wohngeschosse über dem normalerweise gewerblich genutzten Parterre forderte und eine Traufhöhe von höchstens 22 Metern festlegte. Diese Vorschriften erwiesen sich als sehr klug, ermöglichten sie doch üppige Zimmerhöhen, weshalb sich die Wohnungen aus jener Epoche nach wie vor großer Beliebtheit erfreuen.

Die Wohnhäuser des »Steinernen Berlin« der Gründerzeit waren mit flach geneigten Satteldächern gedeckt, die vom Straßenniveau aus nicht zu sehen waren und deshalb keiner besonderen architektonischen Behandlung bedurften. Gegen Ende des 19. Jahrhunderts ging man häufig dazu über, die vordere Dachfläche anzuheben und als nahezu flaches Blech- oder Pappdach auszuführen. Dadurch gewann man an der straßenseitigen Traufe die Höhe für eine Attika, die in aller Regel prächtig mit Stuck geschmückt wurde und die Vorderfront des Hauses krönte. Kleine Fenster, meist in barockisierender Ochsenaugenform, dienten zur Belüftung des Dachraumes.

Dort, wo Häuser auch aus größerer Distanz zu sehen waren, wurde das »Berliner Dach« entwickelt. Es besteht aus einer geschosshohen, mit Ziegeln gedeckten steilen Dachfläche an der Straßenfront mit einem First als oberem Abschluss, der das Vorhandensein eines Satteldachs vortäuscht. Dahinter schließt sich jedoch ein zum Hof hin flach geneigtes Pappdach an, das an der Hofseite entweder wieder an ein Stück Steildach stößt oder als Pultdach an der rückwärtigen Fassade endet. Die Räume darunter blieben unausgebaut, da sie gemäß der Bauordnung nicht bewohnt werden durften. Erst die großbürgerlichen Häuser aus der Jugendstilzeit und der Vormoderne zu Anfang des zwanzigsten Jahrhunderts – in Charlottenburg, in Westend –, die mit Aufzügen und allem haustechnischen Komfort ausgestattet sind, erhielten opulente, architektonisch durchgebildete Dächer mit allerlei

Links: Blick durch das Taubennetz im Turm von St.-Thomas auf den Kuppelbau der im Rundbogenstil der Schinkelschule erbauten evangelischen Kirche in Kreuzberg. Das Gotteshaus war bei seiner Einweihung der größte Sakralbau Berlins und lag während der Teilung Deutschlands unmittelbar neben dem Mauerstreifen.

Auf den Dachböden der Mietskasernen des 19. Jahrhunderts wurde immer schon Wäsche getrocknet. Blick unter ein typisches Altberliner Dach an der Manteuffelstraße in Kreuzberg.

Giebeln und Türmchen, Gauben und Balkonen. Vor allem die weithin sichtbaren Eckgebäude wurden gerne mit theatralisch-repräsentativen Turmhelmen geschmückt. Die Dächer jener Zeit waren von Anbeginn bewohnt, allerdings nicht von Angehörigen unterer Schichten.

In diesem Punkt unterscheidet sich Berlin von Paris oder London: In der Reichshauptstadt hauste das Proletariat in Kellerräumen, Seitenflügeln und »Gartenhäusern«, wie die Quergebäude im Hinterhof von Maklern noch immer euphemistisch genannt werden. Die Revolutionäre im »Roten Wedding« kamen aus den Hinterhöfen. Dort, in höchster Dichte, in der ewigen Dämmerung tiefer, enger Hofschluchten, wurde am drängendsten vermisst, was sich die sozialistisch gesinnten Architekten der modernen Avantgarde, des Neuen Bauens in den zwanziger Jahren, als Credo für die Stadt von morgen auf die Fahnen geschrieben hatten: Licht, Luft und Sonne sollten den Bewohnern aus niederen Schichten zuteil werden.

Hans Scharoun, Walter Gropius und Otto Bartning entwarfen zur Zeit der Weimarer Republik Großsiedlungen wie die Siemensstadt, Otto Rudolf Salvisberg die Weiße Stadt, Bruno Taut die Onkel Tom Siedlung in Zehlendorf und die Wohnstadt Carl Legien. Die Hufeisensiedlung Britz wurde nach dem entsprechend geformten Wohnblock in ihrem Zentrum benannt, mit dem Bruno Taut einen eiszeitlichen See umbaute. Der Soziale Wohnungsbau in großem Stil war geboren, und nicht zu Unrecht sind die Berliner Großsiedlungen 2008 in das UNESCO Welterbe aufgenommen worden.

Dächer spielten bei Taut und Co. architektonisch übrigens keine Rolle. Das Flachdach galt als ökonomischste Form des Gebäudeabschlusses. Dachpappe auf leicht geneigter Fläche ließ sich einfach und billig verlegen. Immerhin, es war eine Zeit, in der sich die Architekten über die Lebensumstände der Hausfrau Gedanken machten. Die Küchen wurden sorgfältig ausgetüftelt und ergonomisch durchgeplant, um die Hausarbeit zu erleichtern. Und natürlich war Wäsche zu waschen, im gemeinsamen Waschkeller oder in der Gemeinschaftswäscherei nebenan. Die Körbe mit der nassen Wäsche mussten allerdings treppauf getragen werden. Dachböden waren in den Mietskasernen des 19. Jahrhunderts nicht gerade dafür vorgesehen, eigneten sich jedoch gut zum Wäscheaufhängen. Taut und Salvisberg statteten den von ihnen entwickelten Typus des Wohnblocks denn auch mit einem Trockenboden aus und schufen ein niedriges Dachgeschoss mit kleinen mezzaninartigen Fenstern. So kamen sie ohne Dachkörper dennoch zu einem architektonischen oberen Abschluss des Baukörpers. Ein derartiges Haus erscheint harmonischer gegliedert als der übliche flachgedeckte Block, der einfach über dem obersten Wohngeschoss abgeschnitten ist.

Die DomLounge des SAS-Hotels im DomAquarée bietet ihren Gästen aufgrund der gebogenen zweigeschossigen Glasfassade einen Panoramablick über das Herz von und den Himmel über Berlin.

Sicher holten sich die Architekten der Avantgarde die Anregungen dazu aus dem Berliner Mietshausbau vom Ende des 19. Jahrhunderts, wo es die Attikaausbildung mit den Lüftungsfenstern gab. Nichts anderes haben Bruno Taut und seine Kollegen in abstrahierter Form wiederholt, indem sie die Fassade erhöhten und den Dachraum mit einer Reihe kleiner Fenster ausstatteten.

Wer könnte behaupten, eine Stadt wirklich kennengelernt zu haben, der nie auf ihre Türme gestiegen ist? Das Treiben des Verkehrs aus großer Höhe, das Dauergeräusch der Großstadt, aus dem vereinzelt ein Ruf, ein Hupen, ein Glockenschlag herauszuhören ist, der Durchzug eines Gewitters, der Einbruch der Dämmerung mit dem Aufflammen der Straßen- und Schaufensterbeleuchtungen, all diese Beobachtungen verbinden sich zum Stadterlebnis mit großem Reiz. Berlin besitzt leider wenige Orte, an denen man diese wunderbare Erfahrung machen kann. Der Funkturm in Charlottenburg ist von Messe, Internationalem

Congress Centrum, Autobahn und S-Bahnverkehr umgeben, kein allzu reizvolles Ambiente also. Der Glockenturm weiter außerhalb beim Olympiastadion bietet den weiten Blick über die Havelwälder. Die Vogelschau auf die City erlaubt nur der Fernsehturm, freilich nicht für alle Sinne, denn die gläserne Kugel mit dem Ausblick auf 207 Meter Höhe macht aus dem Turmerlebnis eine hermetische Angelegenheit.

Vielleicht das Rote Rathaus als Auslug? 1870 war es eingeweiht worden. Sein Architekt, Hermann Friedrich Waesemann, hatte sich den Unmut der Kollegen zugezogen, verschaffte er sich doch den Auftrag nach Abschluss eines Bauwettbewerbs, an dem er gar nicht teilgenommen hatte. Und so wurde sein Werk gleich mit verurteilt. Nach zwölfjähriger Planungs- und Bauzeit galt das Gebäude mit seinem Rundbogenstil zur Eröffnung als überholt, denn die Neorenaissance war inzwischen das Gebot der Stunde.

Der für seine Zeit gewaltige, einen ganzen Häuserblock einnehmende Verwaltungsbau in Kastellform überragte seine Umgebung erheblich. Vor allem natürlich der Uhrturm, bei dessen Entwurf Waesemann das Rathaus von Thorn im Sinn hatte. Aber auch die Kathedrale von Laon, denn wie bei deren Turm lockerte er die Baumassen auf und überspielte die Ecken durch offene Ecktürmchen, die nur aus Rundstäben bestehen. Der 74 Meter hohe Turm bildete den neuen Fixpunkt der Silhouette. Selbst die Kuppel des königlichen Schlosses musste sich von ihm überragen lassen. Erst 1911 wurde das Rathaus vom Stadthaus mit seinem 80 Meter hohen Kuppelturm übertroffen, das Stadtbaurat Ludwig Hoffmann als Erweiterung des Rathauses errichtete. Was den Dresdnern gegeben war, blieb des Berlinern allerdings verwehrt. Ihr Rathausturm ist bis heute der Öffentlichkeit verschlossen. So bewundert nur der Hausmeister das eindrucksvolle Turmgeschoss und die staunenswerte stählerne Wendeltreppe, wenn er auf das Dach klettert, um die Berliner Stadtfahne zu hissen – oder der Falkner, der bei den Turmfalken nach dem Rechten sieht.

Dennoch gibt es einen Ort mit der gewünschten Aussicht, nicht ganz naheliegend und nicht von jedem Touristen entdeckt: Die Domkuppel, von der aus der Blick über Berlins Mitte schweifen kann. Wie das Rathaus wurde auch der 1894 bis 1905 von Julius und Otto Raschdorff erbaute Dom von Anbeginn mit Häme bedacht. Er hatte den Vorgängerbau zu ersetzen, dessen Umgestaltung durch Karl Friedrich Schinkel Heinrich Heine 1822 folgendermaßen kommentierte: »Der große, oben gerundete Turm ist nicht übel. Aber die beiden jungen Türmchen machen eine höchst lächerliche Figur. Sehen aus wie Vogelkörbe.« Dem Kaiser war der Dom zu mickrig, er ließ ihn niederlegen und durch den an St. Peter in Rom orientierten Neubau ersetzen, der fortan als Ausbund an gesteigertem Geltungsbedürfnis des Kaiserhauses angesehen wurde.

Noch heute gilt der »überdimensionale Zentralbau« (so das Denkmalinventar der DDR) vielen als nachrangiges Stück Renommierarchitektur des Wilhelminismus. Das Publikum jedoch stimmt mit den Füßen ab, genießt den gewissen Schauder in der Gruft mit der eindrucksvollen Sammlung von Fürstengräbern, bestaunt bei tosendem Orgelklang das mächtige Kuppelgewölbe und erkundet den labyrinthischen Weg hinauf zu dieser Kuppel. Ein wenig eingeschränkt ist der Blick inzwischen, denn vor dem Krieg befand sich die Balustrade mit dem Aussichtsrundgang oben auf dem Scheitel der Kuppel, noch überragt von einer tempiettoartigen Laterne. Beim Wiederaufbau 1975–81 wurden die zentrale Kuppel und die vier peripheren Ecktürme nur in formal reduzierter Form rekonstruiert. Der Aussichtsrundgang rutschte an den Fuß der Hauptkuppel.

Der Dom ist zweifellos eine Berliner Attraktion ersten Ranges. Und vom Aussichtsrang oben kann man die anderen Kuppeln zählen, die sich in zwei Jahrhunderten Baugeschichte hier eingefunden haben. 1780 entstanden die beiden Kuppeltürme des Deutschen und des Französischen Doms von Karl von Gontard am Gendarmenmarkt, »unstreitig der schönste öffentliche Platz in Berlin«, wie Georg Friedrich Rebmann in seinen »Kosmopolitischen Wanderungen« schon 1793 anmerkte (ein Urteil, das heute noch immer Zustimmung findet). Gontard hatte sich die Kirchen S. Maria Maggiore und Minore an der Piazza del Popolo in Rom zum Vorbild genommen und nach Rebmann die »prächtigsten, schönsten und geschmackvollsten Türme in Berlin« errichtet.

Gen Westen ist die Hedwigskathedrale zu sehen, 1763 als katholische Gemeindekirche nach dem Vorbild des Pantheons mit einer Kuppel versehen, die nach Kriegszerstörungen 1960 ebenfalls neu aufgeführt werden musste. Im Norden fällt der Blick auf die Kuppel des Bodemuseums. Das neobarocke ehemalige Kaiser-Friedrich-Museum, 1897–1904 nach den Plänen von Ernst von Ihne entstanden, wurde städtebaulich ungemein effektvoll auf der nördlichen Spitze der Museumsinsel platziert. Sein Kuppelraum gehört zu den schönsten historischen Räumen im Zentrum der Hauptstadt. Von weiter her blinkt im Norden die vergoldete Kuppel der Neuen Synagoge an der Oranienburger Straße. Wenigstens die Hauptfassade mit dem historisierenden Zierrat und die maurische Kuppel (in damals modernster Eisenkonstruktion) konnten nach »Kristallnacht« und Bombenschäden wiedererrichtet werden.

In östlicher Richtung wird man die Kuppeltürme der 1952–58 von Hermann Henselmann und seinen Entwurfskollektiven als Stalinallee gebauten Prachtstraße entdecken,

Vor dem Krieg befand sich der Aussichtsumgang auf dem Kuppelscheitelpunkt des Berliner Doms, heute liegt er am Fuß der Hauptkuppel. Die Mühen der steilen Treppen belohnt auch hier ein wunderschöner Rundblick.

die heute Karl-Marx-Allee heißt. Der vergleichende Blick vom Dom aus verrät eine erstaunliche Genealogie, denn der Stadthausturm ist eine Reminiszenz an Gontards Domkuppeln; Hermann Henselmanns Türme am Frankfurter Tor wiederum beziehen sich auf das Stadthaus. Gänzlich ohne derlei Vorbilder kommen die Kuppeln aus, die man am westlichen Horizont gerade noch mit unbewaffnetem Auge erkennen kann. Es handelt sich um die Radarkuppeln der amerikanischen Überwachungsstation auf dem Teufelsberg aus Zeiten des Kalten Krieges.

Berlin ist keine Stadt der Türme. Die Silhouette konnte es nie aufnehmen mit Paris, St. Petersburg oder Kopenhagen. Es gab nicht die Bürgerschaft, die stolze Rathäuser oder Tuchhallen gebaut hätte. Berlin war eine »Stadt des Individuums, das sich ein Denkmal setzt«, wie es Heinrich Heine sah. Friedrich der Große ließ die Häuser antreten wie Soldaten. Aber: »die Erde braucht sich nicht zu schütteln, um es zu zerstören, es fällt schon von selbst wieder um«, spöttelte Heine über die dürftige Bausubstanz der preußischen Hauptstadt. Das war 1851, doch schon wenige Jahrzehnte später hatte sich die Stadt aus dem märkischen Sand erhoben und wuchs zur mächtigen Industriemetropole mit durchaus solider architektonischer Ausprägung.

Kurioserweise begann erst in der zweiten Hälfte des zwanzigsten Jahrhunderts ein Wettstreit um den Himmel über Berlin. Das Springer-Hochhaus von 1960 beantworteten die Machthaber jenseits der bald errichteten Mauer mit einer ganzen Phalanx von Hochhäusern an der Leipziger Straße. Mit dem 123 Meter hohen Interhotel (heute Park Inn Hotel) am Alexanderplatz überbot die »Hauptstadt der DDR« das 1965 entstandene Europacenter im Westen und erstrebte Weltniveau – das natürlich mit dem 368 Meter hohen Fernsehturm endgültig erreicht war.

Winterlicher Blick über die »Arbeiterpaläste« entlang der früheren Stalinallee, der heutigen Karl-Marx-Allee, die bis 1949 die Große Frankfurter Allee hieß.

Mal spektakulär und großartig für die Öffentlichkeit inszeniert, mal unzugänglich und geheimnisvoll, unter den Dächern von Berlin bieten sich immer wieder besondere Raumerlebnisse. Denn anders als bei gestapelten Geschossflächen handelt es sich, bedingt durch die Dachformen und die Tragwerke, meist um ungewöhnlich geschnittene Räume. So leben die historischen Schwimmhallen vom Raumeindruck der bergenden Hülle. Lichtdurchflutete Atrien sind nicht selten mit extravaganten Konstruktionen überwölbt, wie etwa der Lichthof im Warenhaus Kaufhof am Alexanderplatz oder der kreisrunde Zentralraum der Dresdner Bank am Pariser Platz. Und sie werden als Wirkungsraum für architektonische Attraktionen genutzt, seien es besonders gestaltete Erschließungselemente wie

Rechts: Das Axel-Springer-Hochhaus, seit 1960 unmittelbar neben der Sektorengrenze gelegen, wurde zum Bollwerk des Westens stilisiert, dem Ost-Berlin symbolisch eine ganze Phalanx von Hochhäusern an der Leipziger Straße entgegensetzte. Vom Dach des Hochhauses gab es zur Zeit des Kalten Krieges Laufbandnachrichten für die Ost-Berliner Bevölkerung. Heute leuchtet auf 50 Meter LED-Leinwandbreite ein Mix von Werbung, Nachrichten und Kunstinstallationen weit über Berlin.

die Wendeltreppe der Dresdner Bank oder die rasant aussehenden, an Rennfahrerhelme erinnernden Aufzugskabinen, die in Nicolas Grimshaws Industrie- und Handelskammer auf und nieder schweben. Frank Gehrys furiose Architektur ist am Pariser Platz durch die strengen Berliner Bauvorschriften domestiziert, gewissermaßen in den Saal verbannt worden. So lässt er unter dem walfischbauchförmigen Glasdach des Lichthofs einen skulpturalen Konferenzraum schweben, der entfernt an einen Pferdekopf und primär natürlich an seine bekannten eigenen Werke erinnert.

Sergei Tchobans Hotel DomAquarée gegenüber dem wilhelminischen Gotteshaus hat eine andere Attraktion zu bieten. Das weltweit größte freistehende Aquarium, ein blau leuchtender, haushoher Zylinder aus Plexiglas, wächst mitten im Lichthof empor. Man kann die darin kreisenden Fischschwärme bequem vom Hotelbett aus beobachten oder aus einem zweigeschossigen, gläsernen Aufzug, der in langsamer Fahrt durch eine Röhre im Aquarium in die Höhe gleitet. Oben angekommen, erreicht man über Brücken die beiden rundum verglasten Dachgeschosse, in denen Kanzleien und Büros mit einem atemberaubenden Panoramablick aufwarten.

Der freie Blick über die Dächer der Stadt wird immer mehr zum Privileg für eine bessergestellte Klientel. Die »Gentrifizierung« der Innenstadtbezirke, wie der Stadtsoziologe Hartmut Häußermann den Verdrängungsprozess der Alteingesessenen durch zahlungskräftige Zugezogene nennt, ist eine Entwicklung, die London und Paris längst vollzogen haben. Der Ausbau von Dachgeschossen, im damaligen West-Berlin als flächenschonende Verdichtung propagiert, ist zum soziologischen Phänomen geworden. Schon gibt es Makler, die sich nur mit dem Vermitteln von Wohn- und Geschäftsraum unter dem Dach beschäftigen. In Szenequartieren wie der Spandauer Vorstadt oder dem Prenzlauer Berg gibt es kaum mehr ein Dachgeschoss, das nicht bewohnt oder im Umbau begriffen wäre. Voraussetzung für das privilegierte Wohnen im sechsten Stock ist freilich ein Lift, der sich meist im Hof anbauen lässt.

So verschwinden die halblegalen luftigen Idyllen, die Dachbiotope skurriler Lebenskünstler, die hier und da ohne Baugenehmigung wucherten, und werden durch schicke Sonnendecks und gepflegte Bonsaiparks ersetzt. Zuweilen erreichen die Immobilienpreise schon das Niveau anderer Metropolen, wie etwa bei den Penthäusern in der Torstraße mit zweigeschossiger Terrasse und Pool.

Je nach baulichen Voraussetzungen entstehen Penthäuser eigenen Stils, die sich auch am Stadtrand auf der grünen Wiese gut ausnehmen würden. Der Aufbau auf dem »Kunst-

Die Architekten Grüntuch Ernst haben sich die sinnvolle Nutzung urbaner Räume als Aufgabe gesetzt. Auf dem Dach eines in einer Baulücke am Hackeschen Markt errichteten gläsernen Wohn- und Geschäftshauses legten sie auch einen weitläufigen Spielplatz für Kinder an.

Der überkuppelte Turm des gegenüber dem Roten Rathaus gelegenen Berliner Stadthauses konkurriert aus dieser Perspektive mit der hellglänzenden Aluminiumkugel des Fernsehturms am Alexanderplatz.

bunker« der Sammlung Boros in der Reinhardtstraße ist solch ein Beispiel. Der mit klassischem Gebälk und anderem historistischen Dekor verhübschte Hochbunker aus dem Kriegsjahr 1943 widersetzte sich jahrzehntelang einer sinnvollen Wiederverwendung. Als spannender Ausstellungsort für moderne Kunst eignet er sich indes hervorragend. Dazu wurden – aufwendig genug – einige der Wände und Decken herausgeschnitten. Es entstanden unterschiedliche Räume von zwei bis zwanzig Metern Höhe, in denen die zum Teil eigens für diesen Ort geschaffenen Werke präsentiert werden. Architektonischer Höhepunkt ist jedoch das oben aufgesetzte Penthouse mit zusätzlichen Ausstellungs- und Wohnräumen sowie weiten Ausblicken, ein prototypisches Raumkontinuum im Sinne Ludwig Mies van der Rohes.

Mit einer attraktiven Aussicht ist natürlich auch der Gipfel der Wellness-Kultur zu erklimmen. Schon zu West-Berliner Zeiten konnte man im Europacenter saunieren und auf der Dachterrasse relaxen. Das 1998 von Rafael Moneo erbaute Nobelhotel Grand Hyatt am Marlene-Dietrich-Platz hat ein ähnliches Angebot für Gäste, die den Weitblick schätzen. Und wer beim Joggen und Gewichtestemmen die Augen schweifen lassen möchte, kann dies in den oberen Etagen und auf dem Dach des von Helmut Jahn entworfenen Neuen Kranzler-Ecks tun. Von dort aus fällt auch der Blick auf West-Berlins Kuppel mit der größten Spannweite. »Pfennigmoschee« nannten die Berliner wegen der 30 Meter spannenden Flachkuppel ihr Billigkaufhaus (bilka), 1956 von Hanns Dustmann an der Joachimsthaler, Ecke Kantstraße erbaut. Ursprünglich setzte man sich unter der Kuppel zum Kaffee, luden rings um die Brüstung des kreisrunden Atriums Tische zur Einkaufspause.

Die Mehrzahl der Berliner Dächer ist freilich der Öffentlichkeit nicht zugänglich. Leider, möchte man sagen, denn welches

Altes und Neues Stadthaus

Architekturerlebnis könnte spannender sein als die Entdeckungstour durch die Dachkonstruktion über der Lichtdecke der Alten Nationalgalerie oder durch den Schnürboden der Deutschen Oper oder die Dachkammern des Brandenburger Tors? Wer wollte nicht mal einen neugierigen Blick in den Experimentalturm auf dem Dach der optischen Anstalt in der Rheinstraße werfen, in das Reservoir des Wasserturms am Ostkreuz oder in das Labor der Versuchsanstalt für Wasserbau und Schiffbau, an der man schon tausendmal mit der S-Bahn vorbeigefahren ist? Und, trotz Brandschutzverordnung und Sicherheitsbestimmungen, es gibt sie noch, die verstaubten Archive und Registraturen unter den Dächern. Das größte allerdings, das im Amtsgericht Moabit, wo sich Missetat an Missetat kilometerweit aneinander reihte, ist kürzlich in moderne Lagerhallen umgezogen.

»Hier und da ragen einzelne Kirchtürme wie Zahnstocher aus der flachen, ebenen Stadt empor«, beschrieb der französische Journalist Luc Gersal 1892 seine Eindrücke beim Rundblick vom Turm des Roten Rathauses, »das ganze Gebiet dieser großen Stadt, die Vorstädte, die unmittelbare Umgebung, alles ist flach, zum Verzweifeln flach. Wohin der Blick sich wendet, überall die gleichen, farblosen grauen Massen, die sich bis zu den verschwimmenden Grenzen des Horizonts ausdehnen [...], eine große graue Masse, die sich wie ein Ölfleck allmählich immer weiter ausdehnt.« Diese Stadtsilhouette hat sich in der Zwischenzeit gewandelt, sie kennt Höhepunkte, Merkzeichen und den Fernsehturm als Achse, um die sich alles zu drehen scheint. Hier und da recken sich Hochhäuser in die Höhe, verhalten nur. Weitere sind im Gespräch, werden in Frage gestellt, verworfen. Ist das »zum Verzweifeln flache« Häusermeer nicht vielleicht ein Segen? Ein Alleinstellungsmerkmal unter den Metropolen dieser Welt? Fast scheint es so, und es gibt nicht wenige Bürger in dieser Stadt, die alles daran setzen, dass man auf den Dachterrassen in Charlottenburg, in Kreuzberg oder Friedrichshain weiterhin in die Sonne blinzeln kann und nicht im Schatten neuer Hochhäuser frösteln muss.

Falk Jaeger, Juli 2008

Links: Von der Aussichts- und Restaurantplattform des Fernsehturms am Alexanderplatz hat man einen großartigen, wenn auch eingefärbten Rundblick über Berlin.

Dieser Platz auf dem Dach eines Kreuzberger Gründerzeitwohnblocks bietet Ruhe, Weitblick und ein unvergleichliches Panorama – ideal für kreatives Arbeiten.

Eine fünf Meter hohe, aus Kupfer getriebene Skulptur krönt das im frühklassizistischen Stil mit Elbsandstein erbaute Brandenburger Tor. Die geflügelte Siegesgötting lenkt einen von vier Pferden gezogenen Wagen, die Quadriga. Das den Propyläen der Akropolis nachempfundene Torhaus ist mit dem neuen Reichstagsgebäude das Berliner Wahrzeichen – ob nun tags oder nachts.

Seiten 18/19: Nächtlicher Blick vom Bügelgebäude über die Glasbögen des Neuen Hauptbahnhofs nach Osten.

In dem anstelle des ehemaligen Lehrter Bahnhofs errichteten Neubau kreuzen sich nach achtjähriger Bauphase zwei Bahntrassen, eine neue unterirdische Nord-Süd-Linie und die vorher bereits existierende oberirdische Trasse. Die Architektengruppe GMP machte diese Besonderheit durch zwei sich durchschneidende Baukörper und vertikale Blickachsen sichtbar. Die große gläserne Haupthalle sollte mit 430 Metern die komplette Länge eines ICE überdecken, wurde aber leider aus Kostengründen auf 320 Meter gekürzt.

Berlin Hauptbahnhof
Berlin Hauptbahnhof

LOUIS RAVENÉ

Links: Auf dem Dorotheenstädtischen Friedhof liegen berühmte Persönlichkeiten wie Brecht, Hegel und Schinkel. Während zwei einfache Findlinge das gemeinsame Grab von Bertolt Brecht und Helene Weigel markieren, wölbt sich über das von zwei Engeln bewachte Grabmal des preußischen Geheimrats Louis Ravené ein vergoldeter marmorner Baldachin.

Oben: Auf der Museumsinsel wird die Nationalgalerie von der Spreeseite her von einer langen Kolonade eingefasst, die auch eine optische Anbindung zum Alten Museum herstellt.

Auf dem Alten Museum überragen Rossbändiger aus Zinkguss die Dachlinie des von Karl Friedrich Schinkel im Stil des Klassizismus entworfenen Baus.

Die Berliner Museumsinsel (im Vordergrund das Alte Museum, dahinter der Portikus der Nationalgalerie) ist Teil der im Stadtzentrum liegenden Insel – dem ältesten Kern von Berlin – zwischen Spree und Spreekanal. Sie birgt nicht nur unermessliche Kunstschätze, sie war und ist auch ein seit weit mehr als hundert Jahren gewachsenes Gesamtkunstwerk sowie eine Manifestation deutscher Kulturpolitik.

Das Alte Museum, 1825–30 auf Holzpfählen im Sumpfland der Spree errichtet, gilt als die bedeutendste Schöpfung Schinkels. Mit diesem Bau hat er einen Prototypen des öffentlichen Museums geschaffen und damit großen Einfluss auf die europäische Museumsarchitektur genommen. Die zweigeschossige Rotunde mit ihrer Kassettenkuppel wird über dem von 20 korinthischen Säulen getragenen Galeriering von einer gläsernen Lichtkuppel abgedeckt.

Das 1904 eingeweihte Bodemuseum wirkt wie der Bug auf der Nordseite der Spreeinsel. Die weithin sichtbare große Kuppel ist mehr Schein als Sein. Ihre Dimension soll die Außenwirkung im Stadtraum garantieren, während die darunter liegende Halle mit dem Reiterstandbild des Großen Kurfürsten zum Ziel hat, die innere Raumfolge zu erhöhen. Diese gewaltige Differenz verrät allerdings erst ein Blick in den Kuppelraum des 2006 nach aufwendiger Renovierung wieder eröffneten Museums, in dem die Skulpturensammlung der Staatlichen Museen zu Berlin zu sehen ist.

Das Pergamonmuseum wurde 1930 als letztes der fünf Museen auf der Museumsinsel eröffnet. Die drei Flügel beherbergen neben der Antikensammlung auch das Vorderasiatische Museum mit dem Ischtar-Tor von Babylon. Charakteristisch für alle Räume der Obergeschosse sind die großen Oberlichtdecken mit den darüberliegenden Glasdächern, in denen noch die alten DDR-Straßenlampen an das Beleuchtungskonzept vergangener Tage erinnern.

Die Dachterrasse im 39. Stock des Park-Inn-Hotels bietet am Abend den schönsten Blick über Berlin. Unübersehbar der Fernsehturm am Alex, der in luftiger Höhe von 365 Metern endet. 4800 Tonnen wiegt allein die Kugel, in der unter anderem ein Drehrestaurant untergebracht ist. Darüber befinden sich die Sendeanlagen von über 30 Fernseh- und Rundfunksendern. Ende der 60er-Jahre gebaut und 2001 saniert, fährt auch heute ein Aufzug bequem bis zur Aussichtsetage in 207 Metern Höhe. Im Notfall führen 986 Stufen zurück zum Alexanderplatz.

Links: Blick über die Karl-Liebknecht-Straße hinüber zum Berliner Dom und dem 2003 nach Plänen der Architekten nps tchoban voss fertiggestellten DomAquarées. Im Hintergrund leuchten die Gebäude am Potsdamer Platz.

Oben: Der Blick nach Osten zeigt, wie brutal die Trasse der S-Bahn die Museumsinsel zerschneidet und das Bodemuseum vom Pergamonmuseum trennt.

Blick unter und über das fußballfeldgroße Dach des Sony-Center. Die stählerne Zeltkonstruktion des deutsch-amerikanischen Architekten Helmut Jahn überrascht durch ihre Leichtigkeit. Die brückenartige Konstruktion über dem Flügel an der Bellevuestraße überspannt die integrierten Reste des historischen Grand Hotels Esplanade, dessen »Kaisersaal« um 75 Meter verschoben wurde.

Spätes Meeting irgendwo auf einer Büroetage des 103 Meter hohen gläsernen Büroturms, in dem die Deutsche Bahn residiert (links). Der rückwärtige Eingang zum Sony-Center wird von Birken gesäumt (oben) und lässt von dem Trubel dort noch nicht viel erahnen.

Die Große Frankfurter Straße wurde zunächst in Stalinallee und 1961 in Karl-Marx-Allee umbenannt. Die von »Arbeiterpalästen« im Stil der »Nationalen Tradition« gesäumte Magistrale war nicht nur für den normalen Verkehr, sondern vor allem für Aufmärsche und Paraden geplant und sollte den Hauptstadtstatus Berlins betonen. Im nördlichen der beiden vom DDR-Chefarchitekten Hermann Henselmann entworfenen Türme am Frankfurter Tor residiert heute die Stiftung Denkmalschutz.

Unten: Acht Bundesländer haben in den Ministergärten im Verbund ihre Landesvertretungen errichtet. Die große Dachterrasse ist eines der Highlights der Landesvertretung Rheinland-Pfalz und bietet einen grandiosen Blick über die 2711 Stelen des Holocaust-Mahnmals zum Reichstag.

Rechts: Die Dachstruktur der benachbarten »Nordlichter«-Vertretung (Niedersachsen und Schleswig-Holstein) liefert nicht nur interessante Lichtspiele im Atrium, aus der Höhe betrachtet steht die Glasdachstruktur auch im Dialog zu dem Stelenfeld des Mahnmals für die ermordeten Juden Europas.

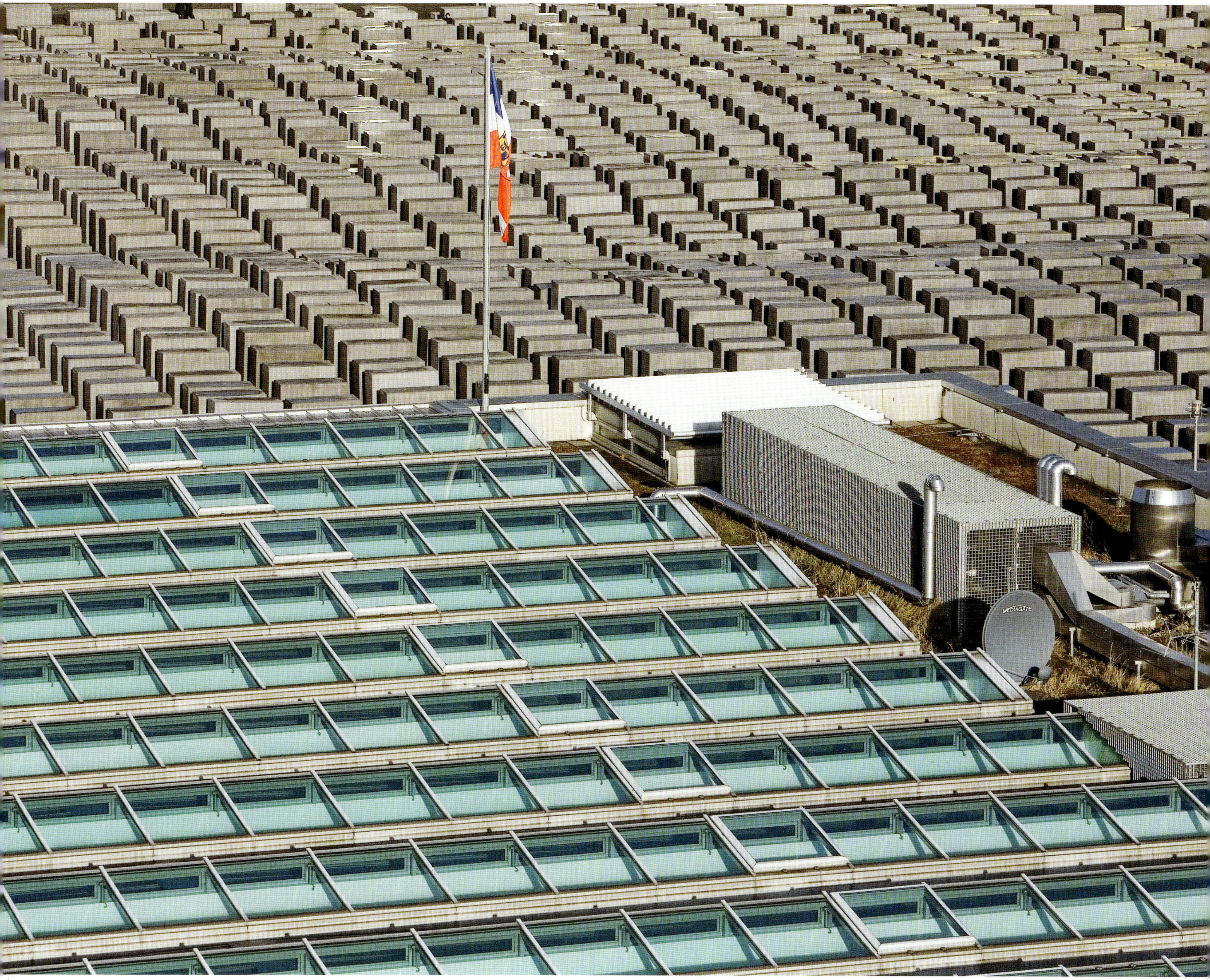

Vom begrünten Dach des Jakob-Kaiser-Hauses geht der Blick hinüber zum Reichstag. Die von Norman Foster entworfene neue gläserne Reichstagskuppel betont durch ihre Transparenz und Begehbarkeit mit Durchsicht direkt in den Plenarsaal symbolisch die Nähe von Parlament und Souverän. Wie eine Spirale schraubt sich die schwebende Fußgängerrampe in den Berliner Himmel und erlaubt gleichzeitig einen Blick über die Skyline der Hauptstadt.

Unten: Das Jakob-Kaiser-Haus mit den Büros der Bundestagsabgeordneten besteht aus acht Gebäuden, die von fünf Architekturbüros entworfen wurden. Hier haben 60 Prozent der Abgeordneten und Fraktionen ihre Büros. Die Gebäude werden von der Dorotheenstraße getrennt, sind über Brücken und mittels einer unterirdischen Passage untereinander und mit dem Reichstag verbunden.

Rechts: Das Paul-Löbe-Haus ist mit seinem 150 Meter langen und acht Geschosse hohen Atrium die Arbeitsplattform unserer Parlamentarier. Neben diversen Abgeordnetenbüros beherbergt der futuristische Bau 21 Ausschusssäle.

Im Jakob-Kaiser-Haus wurden mehrere Bauten integriert, unter anderem auch die historische Bausubstanz der Kammer der Technik (früherer Sitz des Vereins Deutscher Ingenieure). Über der »Berliner Traufhöhe« von 22 Metern setzt sich an der Ecke zum Reichstag ein gläsernes Dachgeschoss ab, in dem Fraktionsräume und ein Sitzungssaal der FDP untergebracht sind. Die bis auf den Boden heruntergezogenen Fensterflächen sorgen für eine sensationelle Übersicht auf Reichstag und Tiergarten.

Das von den Berliner Architekten Axel Schultes und Charlotte Frank geplante Bundeskanzleramt steht am Beginn des sogenannten »Band des Bundes«, das die beiden einst getrennten Stadthälften über den Spreebogen hinweg symbolisch und optisch verbindet. Vor allem in den Obergeschossen des 2001 bezogenen Kanzlersitzes sind interessante Räume entstanden, da sich hier die »Chefetagen«, markiert durch halbkreisförmige Öffnungen, deutlich über den Hauptbaukörper erheben. Der Blick geht über das Kanzleramt bis nach Schöneberg.

Das Gesamtkunstwerk Lohmühle Berlin feierte im Jahr 2008 seinen 15. Geburtstag als Wagenburg in Berlin-Treptow. Zwischen Landwehrkanal und Lohmühlenstraße ist neben den Bauwagen eine Reihe fantasievoller, aus Abfallholz und Planen gebauter Wohngebilde entstanden. Herz der wilden Idylle ist ein mit blauer Plane überspannter Veranstaltungs- und Kinoraum, auch »Kanzleramt« genannt.

Im Chaos einer provisorisch wirkenden Landschaft aus Altberliner Dächern, neuen Klimaanlagen, Baustellen und Verfall wirbt das Maskentheater Familie Flöz in Berlin-Mitte.

Die außen golden schimmernde Philharmonie, wegen ihres zeltähnlichen Dachs und der zentralen Position des Dirigentenpults auch »Zirkus Karajani« genannt, ist Hans Scharouns Meisterwerk und seit 1963 Heimat der Berliner Philharmoniker. Der Blick geht während einer Orchesterprobe aus dem »Keil« genannten Projektionsraum in den 2440 Plätze fassenden Konzertsaal, der aufgrund der dreifach gestuften Deckenlandschaft, Schallsegel und Reflektoren über eine einzigartige Akustik verfügt. Hoch oben im Regieraum wird die komplizierte Technik gesteuert.

Backstage in der Deutschen Oper Berlin an der Bismarckstraße in Charlottenburg. Der Schnürboden unter dem Dach und die gewaltige Bühnentechnik verraten, warum Oper nicht zum Billigtarif geboten werden kann. Mit fast 1900 Sitzplätzen ist die Deutsche Oper die mit Abstand größte der Stadt, sie bietet aufgrund ihrer Technik auch die beste Sicht und Akustik aller Berliner Bühnen. Der Schnürboden ist im linken Bild oben rechts zu erkennen.

Robert
La Boheme
Figaro Brücke
Holländer
Konzertsaal
Meistersinger

Die Deutsche Staatsoper unter den Linden, 1742 nach Plänen von Georg Wenzeslaus von Knobelsdorff gebaut, ist das älteste Opernhaus Deutschlands. Das Kulissenmagazin im benachbarten Verwaltungsgebäude gilt als das größte Europas. Die Halle wird auch für Veranstaltungen genutzt. Der Kuppelsaal im Opernhaus im Stil des Rokoko mit seinen Putten, dem Blattgold und den Kronleuchtern wurde erst Mitte der 50er-Jahre des vergangenen Jahrhunderts vom Gropius-Schüler Richard Paulick als historisierender Wiederaufbau gestaltet und soll jetzt grundlegend modernisiert werden.

Das Moabiter Untersuchungsgefängnis entstand vor über 150 Jahren als preußisches Mustergefängnis nach dem Vorbild des britischen Pentonville, das den Kontakt der Gefangenen untereinander erschweren sollte. Fünf viergeschossige Gefängnisflügel gehen sternförmig von der 25 Meter hohen kuppelüberdachten Zentralhalle aus. Der berühmte Untersuchungsknast bietet heute Gefangenen hin und wieder auch die Gelegenheit zu einer Runde Billard in einer vergitterten Dachkammer.

ZUM
BODEN 26

Seiten 64–67: Ein Blick unter die Dachlandschaft des über 100 Jahre alten monumentalen Kriminalgerichts Moabit, des größten Gerichtsgebäudes in Europa: 12 Kilometer Akten auf 27 Dachböden, insgesamt 240 Tonnen Akten aus vergangenen Prozessen, lagerten hier einmal – vom Hauptmann von Köpenick bis zum Bombenanschlag in der Disco »La Belle«. Die Bilder sind allerdings bereits Geschichte, denn aus Brandschutzgründen wurden die Papierberge 2004 in das Zentralarchiv der Staatsanwaltschaft am Westhafen umgelagert.

In unmittelbarer Nähe zur Philharmonie im Kulturforum plante Hans Scharoun ein zweites Gebäude, die Deutsche Staatsbibliothek an der Potsdamer Straße. 1978 wurde die »Leselandschaft« mit ihren Glaspyramiden und kalottenförmigen Oberlichtern nach elfjähriger Bauzeit eröffnet – fünf Jahre nach dem Tod des Architekten.

Die von Norman Foster entworfene Philologische Bibliothek der FU Berlin in Dahlem wurde 2005 nach vier Jahren Bauzeit fertiggestellt. Der Innenraum besteht aus fünf Nutzebenen mit über 600 WLAN-fähigen Arbeitsplätzen und wird von einer freitragenden kuppelartigen Gebäudehülle überspannt. Die äußere Hülle aus transparenten und geschlossenen Paneelen stützt ein Tragwerk. Von außen betrachtet ähnelt das Superhirn einem silbrigen Tropfen.

Kaum ein Umfeld ist so mit negativen Assoziationen verbunden wie das einer Zahnarztpraxis. Der Initiator der Zahnarztpraxis KU64 am Kurfürstendamm wollte das ändern. Die international renommierte Architektengruppe GRAFT wischte mit ihrem Entwurf die weiße Ästhetik von Hygiene und Sterilität einfach beiseite und setzte eine gestaltete Wellness-Atmosphäre dagegen. Ein wenig Angst bleibt sicherlich, sie wird aber schon im Wartezimmer überdeckt von überraschenden Raumerlebnissen.

Als in den 70er-Jahren des vergangenen Jahrhunderts große Teile der Luisenstadt in Kreuzberg einem Autobahnzubringer geopfert werden sollten, protestierte die alternative Szene und besetzte auch dieses ehemalige Verlagshaus in der Naunynstraße. Das Gebäude, das durch gusseiserne Stützen einen besonderen Charme entwickelt, wurde später von der Gewerbesiedlungs-Gesellschaft gekauft und Anfang der 90er-Jahre saniert. Einige der langjährigen Mieter und Bewahrer erwarben 1999 von der GSG die von ihnen genutzten Flächen.

Ein Stahlgitter-Laufsteg auf dem First verbindet die sechs Häuser des »STUK«-Projekts am Wassertorplatz, das 1977 von Studenten und Assistenten der TU ins Leben gerufen wurde. STUK steht für »Studenten und Kreuzberger« und erklärt das Ziel des vom Senat stark subventionierten Renommierprojekts: die »Kreuzberger Mischung«. Das Zusammenleben von Alten, Jungen, Deutschen und Ausländern wurde allerdings nicht verwirklicht, letztlich blieben die Akademiker im Wohnidyll unter sich.

Links: Mitten auf einem erhöht auf dem Kreuzberg stehenden Berliner Mietsblock haben sich Michael und Wolfgang ein Dachstudio mit Minigarten geschaffen. Eine Wendeltreppe führt von der Wohnküche direkt auf das grüne Paradies über den Dächern der Stadt. Der Blick über Berlin kann grandioser nicht sein.

Oben: Am anderen Ende der Stadt, in einem Hinterhaus am Prenzlauer Berg, haben es sich Niklas und Henriette unter dem Dach gemütlich eingerichtet.

Links: An einem Bootsanleger am Treptower Park ankern mehr als ein Dutzend Hausboote – die vielleicht romantischste Variante, in Berlin zu wohnen. Auf dem Oberdeck ihres kleinen, holzofenbeheizten Kahns hat sich die Familie Finger sogar ein asiatisches Jurtenzelt aufgestellt und nutzt es als Schlafzimmer.

Während des Kalten Kriegs begann Osman Kalin auf einem Grenzgrundstück am Bethaniendamm Zwiebeln anzubauen. Das Grundstück gehörte zwar zu Ostberlin, war aber aufgrund einer Mauerbegradigung vom Westen frei zugänglich. Der Fall beschäftigte sogar das Zentralkomitee, aber die DDR intervenierte vergeblich. Und so erweiterte der Anatolier seinen Gemüseanbau. Nach der Wende zimmerte er aus Holzresten ein improvisiertes, zweistöckiges Gartenhaus, das längst zu einer Attraktion in Kreuzberg geworden ist.

Links: Nach Sanierung und Umnutzung eines ehemaligen Gewerkschafts-Verwaltungsbaus in Berlin-Mitte entstanden nach Plänen des Architekten Carlos Zwick 24 Lofts mit einem gemeinsam genutzten Dachpool samt spektakulärem Blick über Berlin.

Unten: Einige hundert Schritte weiter pflegt der ehemalige BDI-Präsident Hans-Olaf Henkel mit viel Leidenschaft einen Bambushain, der Teil eines japanischen Garten auf dem Dach eines Bürohauses ist. Sein Kommentar: »Nie hätte ich gedacht, dass ich mal jeden Sonntag im 6. Stock Rasen mähen muss!«

Der niederländische Architekt Rem Koolhaas plante im Stadtkern Berlins ein viel beachtetes Gesamtkunstwerk aus Glas, Aluminium und Sichtbeton: die Niederländische Botschaft. Kein Treppenhaus, sondern ein 200 Meter langer Gang aus Aluminium erschließt mäandernd und mit immer neuen Durchblicken das Gebäude am historischen Hafen der Spree. Bei gutem Wetter führt der Weg dank einem Schiebedach direkt auf die Terrasse mit Blick auf Fernsehturm, Rat- und Stadthaus. Der Dachbereich bietet der Familie des Gesandten einen spektakulären Wohnraum und ausreichend Platz, um auch ein paar Tomaten zu ziehen.

Seiten 86/87: Mit quietschbunten Farben hat der 1997 verstorbene italienische Architekt Aldo Rossi sein Quartier Schützenstraße am Checkpoint Charlie gestaltet. Materialien wie Aluminium und Zinkblech wetteifern mit Froschgrün, Kornblumenblau, Karminrot und gedeckten Farben um Aufmerksamkeit. Die Architekturdetails der Erker, Rücksprünge, Gesimse und Mansardedächer formen sich von oben betrachtet zu einer gerade wegen ihrer Vielfalt wohltuenden Einheit.

Von den einst 14 Markthallen in Berlin, die zwischen 1867 und 1892 errichtet wurden, sind nur noch vier erhalten. Sie sollten damals die wuchernden Wochenmärkte eindämmen. Neben der bis zur Unkenntlichkeit modernisierten Marheineke-Halle existieren heute noch die Arminius-Markthalle (rechts unten), die Eisenbahn-Markthalle in Kreuzberg (rechts oben) und die Ackerhalle in Mitte (oben) – Letztere mittlerweile umfunktioniert in einen Supermarkt.

LOTTO TOTO
SPIEL 77
CAMEL
West
LINIE 36
Fischfeinkost

Cola
Angebot
10 kleine
Wiener
2,95
Quark
mit Kartoffeln,
Zwiebelwürfel
und Leinöl
3,00
Pommes
gesünder
als Salat!

Links: Mit dem Bau der 160 Meter langen, 22 Meter hohen und 40 Millionen € teuren Mercedes-Welt am Salzufer wurde im Jahr 2000 der größte Verkaufstempel für Automobile aus Stuttgart geschaffen. Auf den 14 000 Quadratmetern Ausstellungsfläche des gläsernen Showrooms werden rund 350 Modelle der Luxusmarke präsentiert.

Rechts: Im exklusiven SkyClub im 16. Stockwerk der verglasten Hochhausscheibe Neues Kranzler Eck am Kurfürstendamm kann man sich nach zu viel automobiler Bequemlichkeit die überflüssigen Pfunde wieder abtrainieren. Spektakulärer kann der Blick vom Laufband kaum sein.

Kanal
Kanal 2

593

Unter fünf S-Bahnbögen am Savignyplatz betreibt Ruth Spangenberg seit 1980 die Buchhandlung Bücherbogen. Das Bücherparadies ist auf Architektur, Kunst, Foto, Film und Design spezialisiert, und wenn beim Blättern oben die Züge rumpeln, kann das bei so vielen schönen Bänden kaum stören.

aerztezentrum 147

1882 als Station für Vorort- und Fernverkehr an der sogenannten Verbindungsbahn erbaut, wurde der Bahnhof Friedrichstraße 1926 vollkommen umgebaut. Seit dem Mauerbau 1961 war er ein Symbol für die Teilung Berlins. Mit seiner mächtigen Eisenhallen-Konstruktion auf dem Stadtbahn-Viadukt und großen Untergeschossen stellte er den einzigen Grenzübergang für Fern-, S- und U-Bahnreisende aus dem Westen dar. Das Labyrinth endloser Gänge, Kontrollschlitze und Verhörzellen ist Vergangenheit. Heute erinnert nur der »Tränenpalast« (im großen Bild rechts), die Abfertigungshalle der nächtlichen Rückkehrer und wenigen »legalen« Ausreisenden, an diese Zeiten der Trennung und des Abschieds. Bald aber wird der hinter einem neuen Hochhauskomplex verborgen sein.

DB

Links: Sicht vom Daimler-Tower zum Reichstag und zu dem am anderen Spreeufer gelegenen Marie-Elisabeth-Lüders-Haus, dem östlichen Endpunkt vom »Band des Bundes«. Der Blick streift den 26 Etagen hohen DB-Tower am Potsdamer Platz.

Oben: Bei diesem Panorama wird der halbkreisförmige Grundriss des Towers und seine Nähe zum Tiergarten besonders deutlich.

Straße
SOS
SOS

Links: Der von den Architekten GMP entworfene Bahnhof Spandau wurde unter laufendem Bahnbetrieb gebaut und 1998 eingeweiht. Die beiden auffallenden Tonnenglasdächer schützen die Bahnsteige über eine Länge von 440 Metern – somit ist der Spandauer der längste Hallenbahnhof Deutschlands.

Oben: Der Ostbahnhof wurde 1842 unter dem Namen Frankfurter Bahnhof als westlicher Endpunkt der Frankfurter Eisenbahn eröffnet. Später mutierte der Kopf- zum Durchgangsbahnhof. Er diente vor allem für Verbindungen nach Osten, durfte sich aber zwei Jahre vor dem Mauerfall noch als »Hauptbahnhof für die Hauptstadt der DDR« präsentieren. 1998 wurde er modernisiert und wieder Ostbahnhof getauft.

Deutsche Reichsbahn
52 8017-7
G 56 15
Rbd Berlin
Bw Schöneweide

Links: In dem 1906 halbkreisförmig gebauten zwölfständigen Lokschuppen des Verschiebebahnhofs und Bahnbetriebswerks Berlin-Schöneweide kümmern sich Eisenbahnfreunde liebevoll um ihre Dampfrösser und halten einige der historischen Zugmaschinen betriebsfähig. Hier haben 15 Lokomotiven einen Seniorenheimplatz gefunden.

Oben: Der 1907 erbaute Revisionsschuppen am Warschauer Bahnhof wurde 1961 infolge des Mauerbaus geschlossen. 1997 nahm man die historische Wagenhalle nach umfangreicher Renovierung wieder in Betrieb. Seitdem dient sie ebenfalls als Pflegeheim – hier für historische Stadtbahnen.

Die Berliner S- und U-Bahnhöfe haben je nach Baujahr sehr unterschiedliche Dächer. Die ersten Stadtbahnen entstanden ab 1838, bis 1846 zählte Berlin schon fünf Kopfbahnhöfe, aber erst 1877 wurden diese durch die Ringbahn miteinander verbunden. 1903 begann die Elektrifizierung. Mit der Teilung Berlins kam es zu einem Kuriosum: Die West-Berliner U-Bahn unterquerte mit zwei Linien das im Osten liegende historische Zentrum. Die zugemauerten »Geisterbahnhöfe« wurden nun ohne Halt durchfahren und streng bewacht. Allein der Bahnhof Friedrichstraße blieb als Umsteigebahnhof und Grenzübergang offen.

Seiten 104/105: Seit 1902 durchquert die U-Bahn als Hochbahnstrecke den Stadtteil Kreuzberg. Berlin erhielt als fünfte europäische Stadt eine U-Bahn – mit den ersten Streckenabschnitten als Hochbahn. Am denkmalgeschützten Bahnhof Schlesisches Tor bildet diese ein willkommenes Dach für eine Imbissbude, die ihre Heimat in einem ehemaligen, historischen Toilettenhäuschen gefunden hat. Stehtische und eine ausgediente Couch bieten in diesem provisorischen Wohnzimmer ein wenig Kreuzberger Charme.

U

bei Schnee und Glätte
auf eigene Gefahr!
Männer
Burger Meister
3.10
3.40
3.50

Links: Seit 1913 lockt Clärchens Ballhaus in der Auguststraße zum Tanz. Zu DDR-Zeiten war es einer der angesagtesten Tanzschuppen im Osten. 2005 wurde das Ballhaus neu eröffnet – jetzt tanzt wieder eine große Fangemeinde zwischen 9 und 90 Tango und Foxtrott im Erdgeschoss. Im Obergeschoss überrascht ein denkmalgeschütztes Kleinod: der Spiegelsaal. Bei einem Candle-Light-Dinner der »Pasta Opera« begeistern Opernsängerinnen mit aufgetürmten Rokokoperücken und wunderschönen Arien.

Oben: Ebenfalls in der Auguststraße, im Hof der »Kunst Werke«, beherbergen zwei gläserne Würfel ein besonderes Caféhaus. Der amerikanische Künstler Dan Graham verwirklichte hier zusammen mit dem Architekten Nalbach die Idee einer begehbaren Skulptur. Das Glasdach hat kein Gefälle und das stehende Wasser oder Eis bewirkt so je nach Wetterlage ganz besondere Muster und Reflexionen.

Das Charlottenburger Schloss wurde im Auftrag von König Friedrich I. ab 1695 für seine Ehefrau Sophie Charlotte als Sommerhaus gebaut und 1701 von dem Architekten Eosander von Göthe zu einer dreiflügeligen Anlage mit der markanten Kuppel und der westlichen Orangerie erweitert. Nach dem Abriss des Residenzschlosses stellt es neben dem Zeughaus die bedeutendste Barockanlage Berlins dar. Unten geht der Blick in den Ehrenhof, links schweift er von der Kuppellaterne über den Schlossgarten, während ein Baukletterer den Zustand einer der Zierkronen prüft.

Blick vom Kuppelumgang des Charlottenburger Schlosses in den Ehrenhof mit dem Reiterstandbild des Großen Kurfürsten. Rechts: die Eosanderkapelle im Schloss. Von außen ist diese Kapelle kaum auszumachen. Innen erhebt sie sich zu einer für eine protestantische Kirche unerwarteten Pracht, Dekorationsliebe und auch Höhe. Vollendet 1708, zeigen die Reliefs der Empore Szenen aus dem Alten und Neuen Testament. Während der Zerstörung des Schlosses 1943 wurde auch die Kapelle stark getroffen, die aufwendige Renovierung konnte 1977 abgeschlossen werden.

Am Halleschen Ufer in Kreuzberg dient ein ehemaliges denkmalgeschütztes Pumpwerk als Berliner Lapidarium. Hier werden, vor dem Wetter geschützt, zahlreiche Denkmale verwahrt. An ihren originären Standorten, beispielsweise an der Siegesallee oder im Tiergarten, stehen oft nur Repliken der zuweilen kopflosen Herrscher, Ritter und Ratsherren.

Blick vom Kuppelumgang des Deutschen Doms nach Norden auf den Französischen Dom. Ein weiteres historisches Gebäude komplettiert die Umbauung des Gendarmenmarkts, Berlins schönstem Platz: das von Schinkel geplante Schauspielhaus. Die beiden identischen Dom-Turmbauten entstanden als reine Schauarchitektur um 1785. Die im Krieg schwer zerstörten Gebäude des in der Friedrichstadt im Bezirk Mitte gelegenen Platzes wurden zu DDR-Zeiten aufwendig wieder aufgebaut. Heute lockt alljährlich im Dezember der beliebteste der Berliner Weihnachtsmärkte zahlreiche Besucher an.

Die 2001 in Mitte eingeweihte DZ Bank überrascht beim Betreten mit einem futuristischen Raumerlebnis unter einem fischähnlich gewölbten Glasdach. Beim Bau der Bank unterwarf sich der für seine organischen Entwürfe bekannte kalifornische Architekt Frank O. Gehry zwar den strengen Bauvorschriften am Pariser Platz, stellte der schlichten und streng gegliederten Sandsteinfassade aber im lichtdurchfluteten Atrium eine üppig ausladende Raumskulptur entgegen. Vom Eingang geht der Blick in den Kongressbereich im Untergeschoss (links) und von den Umgängen in den über vier Geschosse hochwachsenden Konferenzraum des Vorstands (oben).

»Gürteltier« wird das 1998 in Charlottenburg vom britischen Architekten Nicholas Grimshaw fertiggestellte »Ludwig-Erhard-Haus« der Industrie- und Handelskammer im Volksmund genannt. Zwischen den von parabolförmigen Bögen getragenen Geschossebenen öffnen sich unter gewölbten Glasfassaden bis zu 35 Meter hohe Atrien. Eine Besonderheit sind die Aufzüge, die ein wenig an Raumschiffkapseln erinnern.

Bezirksschornsteinfeger Grull und sein Geselle während eines Kontrollgangs auf einem typischen abgeflachten Berliner Dach an der Oranienburger Straße. Weil verstopfte Schornsteine oft Brandkatastrophen nach sich zogen, gelten Kaminfeger in Schwarz noch heute als Glücksbringer, denn sie schützten vor Unglück. Heute tragen sie nur noch selten Zylinder, kommen meist im Blaumann und mit elektronischem Gerät in Haus und Wohnung und sorgen im Auftrag des Staates für die Einhaltung von Sicherungs- und Umweltstandards. Aber manchmal führt der Weg auch noch über die Teerpappe und das Wellblech der Altberliner Dächer (Seiten 122/123).

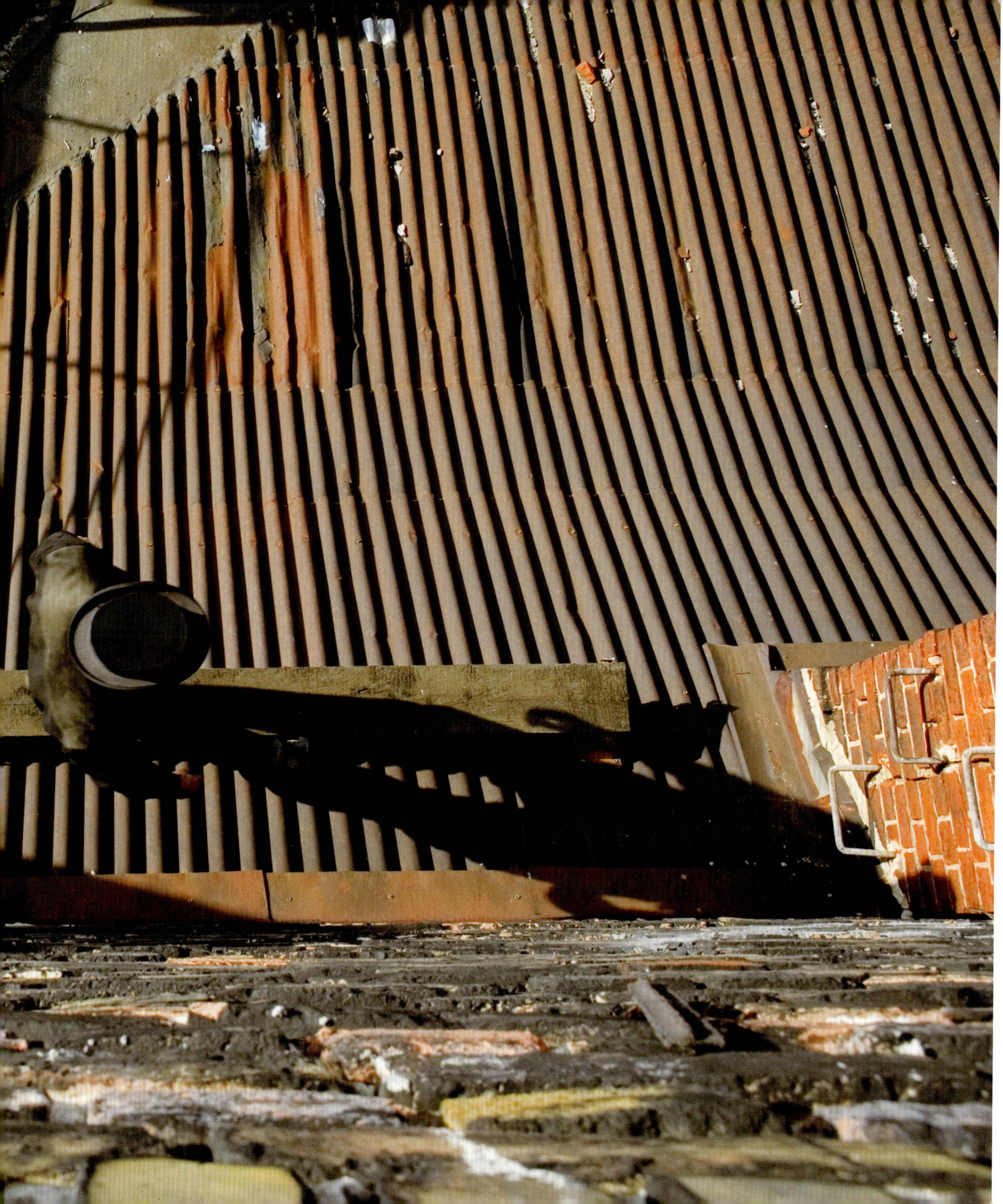

Die Arbeit auf Dächern ist nicht jedermanns Sache. Baukletterer, Dachdecker und Monteure müssen schwindelfrei sein. Sie sorgen oft wagemutig dafür, dass unsere Dächer das bleiben, was sie sein sollen: eine schützende Haut.

Adler und Nymphen auf der Alten Bibliothek am Bebelplatz, die tonnenschweren Kriegertrophäen aus Cotta-Sandstein auf dem Dach des Zeughauses oder die Schönheiten an der Prachtstraße Unter den Linden – Dachfiguren gehören bei barocken und klassizistischen Bauten zum Pflichtprogramm der Dekoration.

Berlins historische Türme in Mitte. Das Bild vereint die (von links) des Roten Rathauses, des Stadthauses, der Marienkirche und im Vordergund des Märkischen Museums mit den Plattentürmen der DDR.

Hier geht der Blick durch die Doppeltürme des ältesten Gebäudes Berlins, der 1230 errichteten Nikolaikirche. Unmittelbar dahinter ist die Stahlkonstruktion des inzwischen verschwundenen Palastes der Republik und im Hintergrund die neue Kuppel des Reichstags zu erkennen.

Unten: 1861 wurde das Richtfest für die Neue Synagoge an der Oranienburger Straße gefeiert. Der Prachtbau mit der goldglänzenden Fassade war damals sehr umstritten, einigen zu maurisch, anderen zu protzig. Während der sogenannten »Reichskristallnacht« vom 9. zum 10. November 1938 konnte die völlige Zerstörung durch die SA nur durch den mutigen Einsatz eines Revierleiters der Polizei verhindert werden. 1943 brannte die Synagoge aber nach Bombenangriffen aus. In den 90er-Jahren wurde das Gotteshaus als Centrum Judaicum wieder errichtet, aber nicht mehr als Synagoge geweiht. Den Eingangsbau mit der Hauptkuppel (links zu sehen die Fassade des ehemaligen Postfuhramts) rekonstruierte man originalgetreu.

Rechts: Deutschlands größte Synagoge in der Rykestraße im Stadtbezirk Prenzlauer Berg wurde 2007 nach jahrelangen Sanierungsmaßnahmen mit einer feierlichen Zeremonie geweiht. Das etwas versteckt in einem Hinterhof liegende Gotteshaus entstand 1904, war damals für 2000 Gläubige vorgesehen und bietet heute 1100 Menschen Platz.

Links: Ihren Namen übernahm die Sehitlik Camii Moschee am Columbiadamm vom Türkischen Friedhof, der bereits im Jahr 1863 als Diplomatenfriedhof angelegt worden war. Die Moschee wurde im Stil der osmanischen Architektur des 16. Jahrhunderts gebaut und überzeugt vor allem innen mit der marmorverkleideten, überkuppelten Gebetshalle, hier während des Freitagsgebets.

Unten und rechts: Friedrich II. erlaubte mit dem Bau der St.-Hedwigs-Kathedrale die erste katholische Kirche im protestantischen Berlin, und dies sogar an einem prominenten Standort neben der Staatsoper. 1943 brannte die Kirche aus. Beim Wiederaufbau wurde die ursprüngliche pantheonähnliche Kuppel durch eine niedrigere Stahlbetonkuppel ersetzt. Heute ist das Gotteshaus die Kathedrale des Bistums Berlin.

Der Berliner Dom wurde 1905 auf Wunsch von Kaiser Wilhelm II. in dem nach ihm benannten monumentalen, ornamentalen Stil errichtet und sollte die Hauptkirche des preußischen Protestantismus werden. Anklänge an den Petersdom in Rom waren durchaus beabsichtigt. Der Dom wurde im Zweiten Weltkrieg stark zerstört und die Kuppel 1961 von der DDR nur vereinfacht wieder aufgebaut. Ein Umgang in der 74 Meter hohen Kuppel erlaubt einen Blick auf die dekorative Glasdecke unterhalb der Laterne.

Links: Die Parochialkirche in der Klosterstraße wurde 1694 als erstes Gotteshaus der »reformierten Kirche« nach italienischem Vorbild errichtet und hat einen für Berlin einzigartigen quadratischen Grundriss. Nach starken Kriegszerstörungen baute man 1946 das Obergeschoss der Vorhalle zu einer Notkirche in der Ruine aus. Noch immer wirkt die Kirche, die nur selten für Gottesdienste genutzt wird, wie im Rohbau, auch weil die Decke zum Dachstuhl hin offen ist.

Oben: St. Nikolai in Spandau stammt aus dem 14. Jahrhundert. Der begehbare Dachstuhl von 1368 über den Gewölben der dreischiffigen gotischen Hallenkirche blieb im Krieg fast unversehrt und gilt als der älteste sakrale Dachstuhl Berlins. Die Konstruktion zeichnet sich auch durch ihre außergewöhnlich hohen Holzstützen aus.

Ein typischer Berliner Dachraum der Gründerzeit. Die Seilwinde erzählt von den vergangenen Zeiten als Lagerraum einer Gewerbeetage in einem Seitenflügel an einem Hinterhof. Das Berliner Dach täuscht zur Straßenseite ein steiles Satteldach vor, ist aber zur Hofseite beziehungsweise bei Quergebäuden flachgeneigt, denn wegen der Breite der Häuser würde ein echtes Satteldach deutlich höher ausfallen.

Damit wir uns in Bürohäusern oder Hotels wohlfühlen, sind aufgrund der notwendigen Luftumwälzungen gewaltige Klimaanlagen nötig, die – vor unseren Augen verborgen – sehr viel Fläche verschlingen. Meist dominieren diese Klimaetagen mit Arbeitsräumen für Haustechniker das Dachgeschoss, wie hier im NH Hotel an der Leipziger Straße. Um die knapp 400 Zimmer und Suiten, die zahlreichen Konferenzräume und Restaurants des Hotels ausreichend zu versorgen, müssen stündlich etwa 240 000 Kubikmeter Luft bewegt werden.

CEAG

„Wir bringen die Welt näher zusammen“
Tom Ford: Zu Besuch beim
Lustmenschen der Mode
DIE WELT

Links: Die Deluxe-Suite im Dachgeschoss des Adlon mit einem unverbauten Blick auf das Brandenburger Tor und den Pariser Platz ist nicht für jeden Geldbeutel bestimmt. 6500 Euro kostet der Luxus einer Nacht in der 130 Quadratmeter großen Ecksuite – persönliches Briefpapier und Champagner inbegriffen.

Oben: Vom Pool des Club Olympus auf dem Dach des Grand Hyatt am Potsdamer Platz genießt man selbst beim Schwimmen den Blick hinüber zur Philharmonie, zum Tiergarten und zur Siegessäule.

Nur wenige Hotels bieten eine solch spektakuläre Lobby wie das Radisson SAS im DomAquarée an der Spree. Aus dem Thema »Lage am Wasser« entwickelte der russischstämmige Architekt Sergei Tchoban die Idee, das Wasser als Element des Gebäudes einzuführen. Über 25 Meter hoch türmt sich das Aquarium des Aquadoms auch über Bar und Frühstücksbuffet. Allmorgendlich reinigen Taucher den riesigen Glaszylinder und füttern die über 60 Fischarten, die hier ihre Kreise drehen. Mit dem gläsernen Fahrstuhl von Sea Life kann man bequem in die Welt der Fischexoten eintauchen.

KNZ

Blick vom Glashaus am Flutgraben in Treptow über die Spree. Hier ist Geschichte noch erfahrbar. Dort, wo man sich heute gerne auf dem Badeschiff zum Chill-out trifft, war früher Grenzgebiet, und vor 1989 suchten DDR-Grenzwachen von stählernen Dachstegen auf dem Glashaus die Spree nach schwimmenden Flüchtlingen ab. Das von den Architekten AMP arquitectos und der Arena Berlin konzipierte Badeschiff ist eines der außergewöhnlichsten Bäder Europas. In den Wintermonaten verwandelt sich der 32 Meter lange, schwimmende Pool in einem umgebauten Transportkahn dank einer weißleuchtenden Außenhaut in eine Wellnessinsel.

Die Berliner Hallenbäder zählen zu den schönsten Europas. Das lichtdurchflutete Bad in Mitte (links) war zur Eröffnung 1929 das modernste des Kontinents. In Charlottenburg (oben) überzeugt das Stadtbad mit dem Charme des Jugendstils. In den kommenden Jahren müssen die städtischen Berliner Bäderbetriebe allerdings noch viele weitere Millionen investieren, um diese Pracht vor dem zunehmenden Verfall durch den Zahn der Zeit zu bewahren.

Das Stadtbad Neukölln mit seinen Wandelgängen und sieben Meter hohen ionischen Travertinsäulen verband – dem Vorbild antiker Thermenanlagen folgend – das Baden mit Wissen, einer Bücherei, in der heute ein Heimatmuseum untergebracht ist. Das Volksbad wurde 1914 eröffnet und unterscheidet sich in der Raumwirkung auch nach der Sanierung kaum vom ursprünglichen Bau.

Das 1993 nach Plänen des französischen Architekten Dominique Perrault gebaute Velodrom hat eine Spannweite von 115 Metern. 16 Stahlbetonpfeiler tragen zusammen 3 500 Tonnen Stahl. Die 250 Meter lange Radrennbahn ist alljährlich Austragungsort des »Sechstagerennens«. Während Rennfahrer im Einzel- und Mannschaftsfahren um Punkte kämpfen, wird auf den 12 000 Zuschauerplätzen auch mit Alkohol im Blut mitgefiebert und gefeiert.

Getränke
HOFFMANN
Schultheiss
AUTO-CENTER BERLIN
KIA MOTORS
BERLINER
RUNDFUNK
91!4
Fahrräder abstellen verboten!
GENERALI
axel lange

Das Olympiastadion wurde aus Anlass der Olympischen Sommerspiele 1936 errichtet, für die Fußball-WM 1974 renoviert und schließlich für die WM 2006 von den Architekten GMP grundlegend umgebaut und modernisiert. Dabei senkte man die Wettkampffläche ab und überdachte alle 74 400 Sitzplätze.

Die Sporthalle der Spreewaldschule am Winterfeldtplatz gehört zu den herausragenden Schulbauten der 1990er-Jahre. Von innen ist – hier während eines Floorball-Turniers – kaum zu ahnen, dass sich über der von den Architekten Baller entworfenen Holzträgerhalle der begrünte Spielplatz einer Kindertagesstätte befindet. Außen sind die Oberlichter zwischen dem Grün der Büsche kaum auszumachen.

Das Tempelhofer Feld (Seiten 156–159), ein ehemaliger Exerzierplatz, war erstes Testfeld der jungen Luftfahrt und 1923 der erste Verkehrsflughafen der Welt, der den Betrieb aufnahm. Norman Foster nannte ihn einmal ehrfürchtig »Mother of all Airports«. 1934 stand Berlin mit über 200 000 Passagieren an der Spitze des europäischen Flugverkehrs. Das in der Folge gebaute Flughafengebäude sollte bis zu sechs Millionen Reisende im Jahr abfertigen können und war mit seiner Gesamtlänge von 1,2 Kilometern das flächengrößte Gebäude der Welt. Die außergewöhnliche Dachkonstruktion über dem gewaltigen Hangar resultiert auch aus dem Plan, das Dach bei Aufmärschen und Großveranstaltungen als Tribüne für 100 000 Zuschauer zu nutzen. 1945 übernahm die US-Armee den Bau und nach deren Abzug gab es nur noch wenig Flugbewegung in Tempelhof. Die Tage als Flughafen sind gezählt, die Art der zukünftigen Nutzung ist noch offen.

Links: Der sich in der Fassade des 2005 eröffneten Neubaus des Deutschen Technikmuseums spiegelnde »Rosinenbomber« schwebt über dem Eingangsbereich, als wolle er in Richtung Landwehrkanal abheben. Mit dem von den Architekten Pitz und Hoh konzipierten Niedrigenergiegebäude kann jetzt auf über 25 000 Quadratmeter Ausstellungsfläche die Tradition diverser Technikmuseen fortgeführt werden, die bis zum Zweiten Weltkrieg in Berlin beheimatet waren. Zu dem Ensemble gehören auch historische Bauten auf dem ehemaligen Gleisdreieck, wie das Bahnbetriebswerk des Anhalter Güterbahnhofs mit zwei Ringschuppen.

Oben: Air Berlin, seit einigen Jahren zweitgrößte Fluggesellschaft Deutschlands, hat ihre Heimat auf dem Flughafen Tegel, wo auch die 120 Maschinen der Airline gewartet werden.

In die in alten Fabriken oder Umspannwerken errichteten Lofts bauen sich Werbeagenturen besonders gerne ihre Nester. Beispielhaft seien hier die Werbeagentur M.E.C.H. in der Kulturbrauerei (links) und die Agentur KP3 Medien und Schömann Corporate (rechts oben) in den Dachetagen der Hackeschen Höfe vorgestellt.

Die 1910 in der Senefelder Straße erbaute Eliaskirche wurde nach 80 Jahren wegen schrumpfender Mitgliederzahl als Gotteshaus aufgegeben. Heute ist im Kirchenschiff statt Orgelmusik fröhliches Kindergeschrei zu hören. Hauptattraktion ist das sieben Meter hohe »Raumregal«, ein dreidimensionales Krabbellabyrinth im von dem Architekten Klaus Block konzipierten MACHmit!-Museum. Zum Besuchsabschluss steht oft noch ein Ausflug in den alten, von Fantasiewesen bewohnten Dachboden über dem Kirchenschiff auf dem Programm. Erlebnis pur.

DIE WELT IM OBEREN JURA

Der gewaltige Gebäudekomplex des Museums für Naturkunde entstand bis 1911 auf dem Gelände der ehemaligen königlichen Eisengießerei an der Invalidenstraße. Seit Sommer 2008 sind in der aufwendig sanierten Einrichtung auch die restaurierten Saurierskelette wieder zu bestaunen. Star ist der »brachiosaurus brancai«, mit über dreizehn Metern Höhe das weltweit größte Dinosaurierskelett. Wie seine anderen Artgenossen im berühmten Sauriersaal erwacht es nach 150 Millionen Jahren virtuell per Knopfdruck auf den »Juraskope«-Bildschirmen für ein paar Sekunden zum Leben.

Der ehemalige Hamburger Bahnhof wurde 1847 als erster Kopfbahnhof Berlins eingeweiht, hatte seine Funktion aber schon nach 37 Jahren durch die neue Ringbahn verloren, weil gleich um die Ecke der Lehrter Bahnhof entstanden war. Zwischen 1992 und 1996 wurde das Gebäude an der Invalidenstraße zu einem Museum für Gegenwartskunst ausgebaut. Architekt Josef Paul Kleihues rekonstruierte die Dimensionen der ursprünglichen dreischiffigen Halle. Parallel dazu entstand eine neue im Querschnitt quadratische Halle mit Lichttonne. Eines der Highlights der hier gezeigten Sammlung Marx ist das Mao-Portrait von Andy Warhol. In der historischen Halle dominieren der Steinkreis von Richard Long und Anselm Kiefers Bleibibliothek.

Die Planung für die neue Gemäldegalerie im Kulturforum an der Potsdamer Straße war schon abgeschlossen, als die Mauer fiel. Nach der Wiedervereinigung eröffnete sich die Möglichkeit, die lange getrennten Gemäldesammlungen an einem Ort zu präsentieren.

Auf den ersten Blick erscheint der Grundriss der durch runde Glasfenster belichteten Säulenhalle rechteckig zu sein, in Wirklichkeit verjüngt er sich aber auf einer Länge von 78 Metern in der Breite um 5 Meter. Alle Säle werden durch gefiltertes, weiches Oberlicht taghell erleuchtet.

Oben: Ein Kind springt beherzt über das Dach des »Denkmals zur Erinnerung an die Bücherverbrennung« auf dem Bebelplatz, einer Glasplatte über leeren Bücherregalen. Das Mahnmal von Micha Ullmann befindet sich genau dort, wo am 10. Mai 1933 nationalsozialistische Studenten und die SA über 20 000 Bücher von jüdischen, sozialkritischen und liberalen Autoren, die sie aus Buchhandlungen und Bibliotheken geraubt hatten, ins Feuer warfen und unter dem Beifall einer großen Zuschauermenge verbrannten.

Rechts: Architekt Daniel Libeskind gestaltete das 1998 eröffnete Jüdische Museum an der Lindenstraße in der Form eines zerbrochenen Judensterns. Durch unwirklich erscheinende, schwebende Wandstücke, konstruktive Unmöglichkeiten und begehbare Leerräume will er das schier Unbegreifliche, die massenhafte Vernichtung jüdischen Lebens, zum Ausdruck bringen.

Die Akademie der Künste kehrte 2003 mit ihrer Repräsentanz am Pariser Platz wieder an ihren Stammsitz von 1907 zurück. Der Architekt Günter Behnisch setzte sich mit seinem Entwurf über die strengen Statuten der Berliner Baubehörde hinweg, die eine steinerne Front vorsahen, und löste einen erbitterten Architekturstreit aus. Denn die Wand zum Platz ist gläsern. Innen entwickelte er eine zerklüftete Landschaft von Treppen, Emporen und Rampen. Über der Dachterrasse wird der spektakuläre Bau durch ein farbig bedrucktes Glasdach abgeschlossen.

Seit dem Dokumentarfilm »Rhythm is it« sind die jährlichen Vorführungen der Berliner Philharmoniker in der »Arena« in Treptow das herausragende »Education-Projekt« in Deutschland. Im November 2006 dirigierte und improvisierte Simon Rattle zusammen mit 250 Schülerinnen und Schülern einer Mahrzahner Oberschule die Tanzperformance »Modern Times« in der ehemaligen Omnibushalle der Berliner Verkehrsbetriebe. Diese, 1927 vollendet, war ab 1961 – unmittelbar neben der Grenze auf DDR-Gebiet gelegen – nur noch für Grenztruppen der DDR und wenige Bahnbedienstete zugänglich.

Das »Museum für Kommunikation Berlin« wurde 1872 als erstes Postmuseum der Welt gegründet. Im Krieg stark zerstört, eröffnete man den Bau nach Ausbesserungsarbeiten 1960 als Postministerium wieder. Nach der Wiedervereinigung erfolgte bis 2000 eine umfassende Renovierung. Die drei eine Weltkugel tragenden Atlanten sind eine Nachbildung der ursprünglichen Gigantengruppe auf der Attika. Heute wirbt statt der beiden aus Kostengründen nicht mehr rekonstruierten imposanten Ecktürme ein in blauer Neonschrift über die historische Fassade laufendes Lichtspiel mit wechselnden Worten um Aufmerksamkeit.

30
ZONE

In der Reinhardtstraße krönte Christian Boros einen Bunker aus der Nazizeit mit einer 450 Quadratmeter großen Wohnlandschaft und nutzt die darunter gelegenen fünf Stockwerke für seine Kunstsammlung. 1941 geplant als »Reichsbunker Friedrichstraße«, gab der Betonklotz im Krieg 2000 Personen Schutz. 1945 wurde er von der Roten Armee besetzt und zum Gefängnis umfunktioniert. Nach 1949 diente der Koloss als Textillager und ab 1957 als VEB-Lagerraum für Trocken- und Südfrüchte, was ihm den Spitznamen »Bananenbunker« eintrug. Nach 1990 entwickelte sich das Betonlabyrinth mit Techno- und Fetisch-Parties zum »härtesten Club der Welt«. 2004 begann das Büro Realarchitektur mit der Planung der Umnutzung. Mit Diamantfräsen wurden bis zu drei Meter dicke Betondecken aufgeschnitten, um Platz für die Kunst zu schaffen. 2008 konnte die erste Ausstellung der Boros Collection eröffnet werden.

Samstags lädt die Kunstsammlerin Erica Hoffmann zum Rundgang durch ihre Wohnzimmer in den Sophie-Gips-Höfen. Vorherige Anmeldung und Filzpantoffeln sind Pflicht. Wohnzimmer klingt, gemessen an den 1400 Quadratmetern Fläche ihres Kunstwohnraums, etwas untertrieben. Schon in den 60er-Jahren begannen Erica Hoffmann und ihr 2001 verstorbener Mann Rolf mit dem Sammeln zeitgenössischer Kunst. Die exklusiven Dachräume sollen allerdings nicht als Museum begriffen werden, sondern eher als eine bewohnte Sammlung, die alljährlich nach dem Gusto ihrer Besitzerin umgeräumt wird.

E.Thiesen
Automobile Raritäten

2003 wurde im ehemals größten Straßenbahndepot Europas das Berliner Meilenwerk eröffnet. Alles dreht sich hier um Automobile im Allgemeinen und Oldtimer im Besonderen. Niedliche Isettas parken neben den Platzhirschen von Ferrari und Lamborghini, 18 Oldtimer-Clubs und 30 Werkstätten für Nischenmarken nennen die Hallen ihr Zuhause. Die Warteliste für die 88 gläsernen, klimatisierten Einstellboxen, in denen innig geliebte Porsche Speedster, E-Types oder Kabinenroller bestens aufbewahrt werden können, ist lang. Ein lebendiges Museum in Moabit.

Das »weiße Gold« war eine Leidenschaft Friedrichs des Großen, der 1763 von einem Berliner Kaufmann mit den Arkanisten (lat Arcanum: »Geheimnis«) das Know-how der Porzellanherstellung erwarb und die Königliche Porzellan-Manufaktur gründete. Im Zweiten Weltkrieg wurde diese stark zerstört und bis zum Wiederaufbau nach Selb verlegt. Seit 2006 ist die KPM in privater Hand. Die ehemalige Ringofenhalle am Tiergarten wurden in einen Verkaufstempel verwandelt, die heutige Manufaktur befindet sich in benachbarten modernen Gebäuden.

Der Zoologische Garten besitzt seit 1997 mit seinem Flusspferdhaus eines der modernsten Tierhäuser der Welt. Zwei feinmaschige Glaskuppeln wölben sich über die naturnahe Wasserlandschaft und sorgen für angemessene Temperaturen. Durch Panoramaglasscheiben können die Besucher den an Land eher plump wirkenden Säugern bei ihren anmutigen Unterwasserspaziergängen zusehen. Von einem Servicegang aus sorgt Revierleiter Uwe Fritzmann zuweilen für die nötige Erfrischung.

Das 1907 vollendete Große Tropenhaus (rechts) im Botanischen Garten zählt auch heute noch zu den größten freitragenden Gewächshäusern der Welt. Nach einem Jahrhundert war die 60 Meter lange und 25 Meter hohe Tragwerkskonstruktion aus Stahl allerdings ebenso marode wie die Verglasung. Tropische Temperaturen konnten nur mit riesiger Energieverschwendung erreicht werden und fraßen ein Drittel des gesamten Energiebedarfs des Botanischen Gartens auf. Seit 2006 wird das Große Tropenhaus nun von Grund auf saniert und technisch aufgerüstet. Bis zur Wiedereröffnung im Jahr 2009 lohnt sich in jedem Fall ein Besuch im Subtropenhaus (links).

LIEBHERR

park inn

Der Palast der Republik (Seiten 192–195) wurde 1976 an der Stelle des als Symbol des preußischen Militarismus gesprengten Stadtschlosses eingeweiht. Der »Ballast der Republik«, in Rekordzeit hochgezogen, war von goldiger Architekturqualität und Spießigkeit. 20 000 Tonnen Stahl hinter goldgelber Glasfassade wurden mit 5 000 Tonnen Spritzasbest als Hitzeschutz isoliert. Seit 2003 erfolgt nach einer höchst kostspieligen Asbestsanierung der Rückbau des Sitzungsgebäudes der ehemaligen DDR-Volkskammer. »Erichs Lampenladen« wurde nach der Wende für viele zum Kultbau. Nach diversen Zwischennutzungen der Ruine durch Kunstausstellungen und Theatervorführungen beschloss der Bundestag 2003 endgültig den umstrittenen Abriss. Die Frage, was dort in welcher Form einmal stehen wird, ist noch nicht entschieden.

Der Blick geht (Seiten 192/193) über die Längsachse des Palastes nach Süden. Links der Blick von der einst exklusiven Dachterrasse nach Osten. Diese Perspektiven sind mittlerweile Geschichte, der Bau ist fast verschwunden.

Ob nun schnellster Aufzug Europas oder nicht, in nur wenig mehr als zehn Sekunden katapultiert ein Expressfahrstuhl die Besucher bis zur doppelstöckigen Aussichtsebene (103 Meter Höhe) des Hochhauses Potsdamer Platz 1. Das von dem Architekten Hans Kollhoff im New Yorker Art-Deco-Stil der 1930er-Jahre entworfene, mit Klinkern verkleidete Hochhaus bietet einen der besten freien Rundumblicke Berlins.

Der Fesselballon am Checkpoint Charlie ist auch für Menschen mit Höhenangst ertragbar. Die Sicht aus 150 Meter Höhe ist grandios, eine hohe Brüstung und Netze schützen wirksam vor der Tiefe. Von hier geht der Blick nach Nordosten zum Herzen Berlins. Der Französische Dom, das Konzerthaus mit dem geflügelten Eros, die Hedwigskathedrale und die Staatsoper unter den Linden sowie das Deutsche Historische Museum – alles auf einen Blick.

Nach dem Fall der Mauer fiel sehr schnell die Entscheidung, das Zeughaus – Berlins größter noch weitgehend erhaltener Barockbau – zum Sitz des gemeinsamen Deutschen Historischen Museums auszubauen. Im September 1991 zeigte man die ersten Ausstellungen im Zeughaus, bis 2004 wurde das im Krieg zerstörte Glasdach des Schlüterhofs durch eine filigrane Konstruktion gleichen Materials ersetzt. Der von dem amerikanischen Architekten Ieoh Ming Pei geplante Erweiterungsbau zwischen Zeughaus und Festungsgraben konnte 2003 übergeben werden. Aus dem Glasfoyer, das tags wie nachts mit Spiegelungen und Lichtspielen überrascht, entwickelt sich ein gläserner, geschwungener Treppenturm.

DEUTSCHES HISTORISCHES MUSEUM

Die Pläne für die Neue Nationalgalerie von Mies van der Rohe basieren auf Entwürfen aus dem Jahre 1958 für die nicht realisierte Baccardi-Firmenzentrale auf Kuba. Das weit auskragende, stählerne Kassettendach liegt außen nur auf acht Stahlstützen auf und bildet wie eine Tischplatte das Dach der von einem raumhohen Glasvorhang begrenzten Halle. Die Ikone der Moderne steht in schönem Kontrast zu dem Stahl-Stabile von Alexander Calder sowie der dreischiffigen Matthäus-Kirche.

Rechts: Nun soll es hoffentlich saniert werden, das alte Stadtbad Oderberger Straße am Prenzlauer Berg. Schon vor 20 Jahren musste das Schwimmbecken wegen Leckage geschlossen werden. 1997 besetzte eine Künstlergruppe das beliebte Bad und veranstaltete seitdem Kunstfestivals inmitten des maroden Charmes. Das Bild zeigt die Papp-Flugzeuge des Künstlers Hans-Georg Georgi während der Ausstellung »Badegäste«.

Links: An der Schönhauser Allee bietet der von einer Genossenschaft sanierte »Gewerbehof in der alten Königstadt« (vor 1701 hieß das Viertel Georgenvorstadt) bezahlbare Freiräume. Wie andere Künstler hat auch der Maler Ulrich Lamsfuß (links unten) hier sein Studio. In der ehemaligen Fasslagerhalle im Obergeschoss (links oben) stellten Architekturstudenten des Fachs Experimentales Gestalten 2007 ihre Arbeit »Transformation« vor.

Links: Nachdem der zentrale Lichthof im Hauptgebäude der Technischen Universität während des Krieges durch Bomben stark zerstört wurde, verbarg man die beschädigte Glaskuppel 1968 mit einer Kassettendecke. Erst kürzlich konnte die Glaskuppel nach Plänen der Architekten Pitz und Hoh entsprechend der ursprünglichen Raumdimension instand gesetzt werden.

Rechts: In einem Studio unter den ehrwürdigen Dächern der Humboldt-Universität übt sich eine Klasse von Prof. Ruth Tesmar im freien Aktzeichnen.

Seit 1967 werden BMW-Motorräder nur noch im Berliner Werk Spandau montiert. Etwa 400 Motorräder pro Tag durchlaufen an den charakteristischen gelben C-Haken eines Schienensystems die verschiedenen Hightech-Fertigungsstellen.

Die AEG-Turbinenhalle in der Huttenstraße in Moabit wurde 1908/09 nach Entwürfen des Architekten Peter Behrens erbaut und war damals eine Sensation. Das Denkmal ist eine der letzten Industriehallen, die ihrem ursprünglichen Zweck dienen. In dem über 200 Meter langen Bau, herausragendes Beispiel der frühen Glas-Stahl-Architektur des 20. Jahrhunderts, fertigt die Siemens AG heute Gasturbinen.

Ein erster Blick unter das Dach des Elektronenspeicherrings BESSY II in Adlershof löst zunächst Erstaunen über das vermeintliche Chaos aus. Aber genau geplant und nach unsichtbaren Gesetzen über die Halle verstreut, haben sich Forscher aus aller Welt Arbeitsplätze eingerichtet, um die elektromagnetisch beschleunigten Ionen einzufangen und mit ihnen zu »spielen«. In der Experimentierhalle werden Elektronen in einem Speicherring von 240 Metern Umfang extrem beschleunigt und per Weiche in die individuellen Forschungsplätze gelenkt. Das 1998 in Betrieb genommene Forschungszentrum ersetzte die alte Ringanlage in Wilmersdorf.

Oben: Die »Blaue Kugel«, wie das Studio in Berlin auch genannt wird, wurde kurz nach der Wende als 360-Grad-Kino gebaut, beherbergte später eine Diskothek und ab 1997 die TV-Studios von Medienkontor, wo man bis 2007 die allsonntägliche Talkshow von Sabine Christiansen produzierte. Über 100 Scheinwerfer und sieben Kilometer Kabel sorgten für die technische Performance. Das Schicksal der Kugel ist heute ungewiss.

Rechts: Architekt Carl Gotthard Langhans plante nicht nur das Brandenburger Tor, er entwarf in der gleichen Zeit auch einen weiteren spektakulären Bau: das Anatomische Theater für die 1790 gegründete Tierärztliche Hochschule. In dem engen, trichterförmigen Hörsaal, der heute zur Humboldt-Universität zählt, wurden einst Tierkadaver seziert, was dem architektonischen Kleinod auch den Spitznamen »Trichinentempel« einbrachte. Der Bau hat die DDR-Zeiten nur knapp überstanden und wird jetzt (wenn genügend Spendengelder zusammenkommen) komplett saniert.

Das ARD-Hauptstadtstudio dient der Berichterstattung aus Berlin und liegt deshalb in direkter Nähe zum Regierungsviertel an der Wilhelmstraße und an der Spree. Das 1996–1998 von den Architekten Ortner & Ortner geplante Gebäude besteht aus zwei Flügeln, die durch eine glasüberdachte Halle miteinander verbunden sind. Diese ist zentraler Begegnungs- und Kommunikationsort der Redakteure und bildet gleichsam die »Nachrichtenbörse der Hauptstadt«.

In dem gebogenen Glasdach des Deutschen Sparkassen- und Giroverbandes an der Charlottenstraße spiegeln sich die nahen Türme des Gendarmenmarkts. Unter der von dem Architekten Schommer konzipierten Glashaube für die Fassade des 1902 erbauten denkmalgeschützen Bankgebäudes sind die repräsentativen Vorstandsräume untergebracht.

Der Blick vom Deutschen Dom zurück geht über die Giebelfiguren des Apollon Musagetes mit dem vor seinen Wagen gespannten Greifenpaar auf dem Dach des von Schinkel erbauten Konzerthauses. Im Hintergrund das 2002 vollendete Glasdach auf dem Gebäude des Deutschen Sparkassen- und Giroverbandes.

Sandsteinfassade und Glashalle des Auswärtigen Amts am Werderschen Markt sind trotz ihrer Höhe unscheinbar verglichen mit den dahinter verborgenen sieben Höfen und drei Hallen des größten Bundesministeriums in Berlin. Teil des Ensembles ist das ehemalige Reichsbankgebäude, nach dem Zweiten Weltkrieg Sitz des ZK der SED.

Dachlandschaft des Willy-Brandt-Hauses in Berlin-Kreuzberg, der Parteizentrale der Sozialdemokratischen Partei Deutschlands. Oben auf dem spitzzulaufenden Bürogebäude sorgen 300 Quadratmeter Solarpaneels beidseits des großen Atriumglasdachs für zukunftsweisend produzierten Strom.

Erst ein erhöhter Blick über die Dächer von Berlin offenbart die Vielfalt dieser Landschaft. Zunehmend finden sich begrünte Flächen in luftiger Höhe, die das am Boden verloren gegangene Grün ersetzen. Grasdächer haben hervorragende Isoliereigenschaften, sind aber nicht pflegeleicht.

Ob nun im bürgerlichen Charlottenburg (rechts) oder auf einem ehemals besetzten Haus in Kreuzberg (links oben) – begrünte Flachdächer sind nicht nur optimale Rückzugsgebiete in der Großstadt, sie haben auch ökologisch Sinn. Auf dem lange brachliegenden Gelände der Ufa-Filmkopierwerke in Tempelhof (wo früher Träume auf Zelluloid gebannt wurden) ist Öko ist seit 30 Jahren kein Traum mehr, sondern Programm. Solarzellen auf begrünten Dächern, Wasseraufbereitung und ein Blockheizkraftwerk sind im »Kulturcentrum ufa-Fabrik Berlin« (links unten) – auch dank der Fördergelder des Senats – längst sauberer Standard.

Ob sich nun Prominenz aus Politik und Business anlässlich der Fußball-WM auf der Dachterrasse der EnBW-Zentrale an der Friedrichstraße ein Stelldichein gibt oder Studenten zwischen bröckelnden Schornsteinen und ausgedienten Autositzen auf einem anonymen Flachdach in Berlin Mitte feiern – Dachparties über Berlin sind angesagt.

Ob nun der Dachboden über den Gewölben der Zionskirche (links oben), die Kuppelräume vom Postfuhramt (links unten), das gewaltige Gebälk im Köpenicker Schloß (rechts unten) oder ein versteckter Boden unter dem gewaltigen Dach der Humboldt-Universität (rechts oben) – sie alle sind uns meist verborgen und möchten dennoch viel erzählen. Gerade das macht sie so geheimnisvoll.

Wassertürme haben ihre Funktion längst verloren, heute stehen sie im besten Fall mit viel Glück auf der Liste des Denkmalschutzes, wie diese beiden Wassertürme an der Akazienallee in Charlottenburg. Sie entstanden zwischen 1881 und 1919 und zählen zu den schönsten in Deutschland. Der hohe Wasserspeicher erweckt von außen durch seine Umgänge und burgähnlichen Elemente den Eindruck eines Wachturms und soll in Kürze unter Wahrung der Fassaden in eine Wohnanlage umgebaut werden. Links der Blick durch ein Maueroval hinunter auf den älteren Rundturm. Rechts der Blick in den oberen der beiden übereinander liegenden Wasserbehälter (mit jeweils 5 000 Kubikmeter Fassungskapazität).

Eine moderne Stahlwendeltreppe führt hoch in den frisch renovierten Turm des Roten Rathauses, Amtssitz des Regierenden Bürgermeisters. Seit dem Umzug 1991 vom Rathaus Schöneberg ins Herz von Berlin erfolgten umfangreiche Modernisierungsarbeiten. Der Turm des Roten Rathauses wurde den Türmen der Kathedrale im französischen Laon nachempfunden, ist aber sieben Meter kürzer als sein Pendant in Schöneberg. Dafür ist die Turmuhr mit ihrem großen Zifferblatt und den zwei Meter langen Zeigern umso eindrucksvoller.

Seit 35 Jahren arbeitet der Maler und Bildhauer Jorge Machold in einem spektakulären Atelier mit stählerner Arbeitsplattform über den Friedenauer Goerzhöfen. Dort, wo um 1890 die Optische Anstalt C. P. Goerz militärische Optik wie Linsenfernrohre und Entfernungsmesser testete, kreiert Machold heute hoch über den Dächern Berlins mit kraftvollem Pinselschwung großflächige kalligraphische Pinselzeichnungen in der Tradition der japanischen Zen-Malerei.

Ich liebe dich – zwei Liebeserklärungen. Die links angebracht auf der Mauerabdeckung im Kuppelumgang des Berliner Doms, die rechts an den wie ein Dach wirkenden Gleisüberführungen über die Yorckstraße am Gleisdreieck.

LIEBE DICH
120 m

NACHWORT DES FOTOGRAFEN

Dächer stellen nicht nur die schützende Haut unserer Wohnwelt dar, sie fallen ins Auge und sind deshalb für ein Portrait der Bundeshauptstadt geradezu prädestiniert. So fragt man sich als Passant immer wieder, welche Geheimnisse sie verbergen. Diese Neugier hat mich gereizt und meine Arbeit als roter Faden begleitet. Neue Perspektiven zu entdecken, war Chance und Herausforderung zugleich. Meine Ausflüge in unbekannte Gefilde wurden zum Abenteuer »off the beaten track«, ohne die Klischees aus den Augen zu verlieren.

Anders als in vielen meiner früheren Bildbände stehen nicht Menschen im Mittelpunkt, sondern Räume und Architektur. Dass ich mich Berlin über die Dächer nähere, erklärt sich ein wenig aus meinem ehemaligen Architektenberuf und dem Interesse für besondere Räume und Konstruktionen. Architekten und Fotografen benutzen zwar sehr unterschiedliches Handwerkszeug, sind sich jedoch sonst in ihrer Arbeit verblüffend ähnlich. Beide sind ständig Übersetzer zwischen Raum und Fläche. Oder anders: Sowohl Architekten als auch Fotografen müssen die Fähigkeit haben, erdachte oder tatsächliche Räume als solche darzustellen, sei es nun in Zeichnungen oder beim Bemühen, dem fotografischen Abbild durch Tiefe eine überzeugende Räumlichkeit zu geben.

Über einen Zeitraum von fünf Jahren habe ich – allerdings immer wieder wegen diverser Buchprojekte in China und Hannover unterbrochen – am Thema Dächer fotografiert. Wie rechnet sich das, fragen immer wieder besorgt Freunde. Die Antwort: Finanziell sicher nicht. Solche Projekte stehen einfach für Lebensqualität. Hier kann ich meine Leidenschaft Fotografie ohne Zwänge ausleben. Seit zwei Jahrzehnten dient mir mein »drittes Auge« als unersetzlicher Schlüssel, die Welt zu entdecken, meine Neugierde zu befriedigen. Es eröffnete mir persönliche Einblicke in die Kuppeln von Paris oder Berlin, die Kartonboxen der Obdachlosen in Tokyo oder die Suite eines Luxushotels.

Zeit ist ein häufig unterschätzter Faktor. Wichtig für gute Fotos sind oft das Finden der richtigen Orte und dann die Erlaubnis, dort auf den Auslöser drücken zu dürfen. Die Voraussetzung, mit der Kamera zur rechten Zeit an den rechten Ort zu kommen, war eine ständig aktualisierte Tabelle von bis zu 15 eng beschriebenen A4-Seiten mit Adressen, Links und Ansprechpartnern. Um unter die Haut von Berlin zu gelangen, bedurfte es zahlloser Briefe und oft langer Antragswege. Einige Bildideen scheiterten zuweilen ganz simpel am mangelnden Verständnis der Entscheidungsträger. Aber Berlin wäre nicht Berlin, wenn diese Stadt nicht ein schier unerschöpfliches Angebot an interessanten Dachalternativen zu bieten hätte, und so entstand ein facettenreiches Mosaik der deutschen Hauptstadt – mit Perspektiven, die selbst eingefleischte Berliner nicht kennen und in der Regel nie kennenlernen werden.

Dass es nicht einfach werden würde bei diesem Thema Dächer, das wusste ich schon seit meinem vor 10 Jahren erschienenen Band »Unter den Dächern von Paris«. Der Fernsehmann Heiko Engelkes resümierte damals nach 17 Jahren Korrespondententätigkeit in der französischen Capitale: »Paris ist wie eine Auster – meist geschlossen.« Mir erscheint im Rückblick Berlin fast noch verschlossener.

Vielleicht hat die Terrorismusgefahr seit den Anschlägen vom 11. September manches verschärft, aber gerade dort, wo ich Sicherheitsgründe am ehesten verstanden hätte, im Moabiter Knast und Amtsgericht beispielsweise, standen mir die Türen ohne Wenn und Aber offen. Die Gefängnisverwaltung hatte keinerlei Ängste bezüglich der Selbstdar-

stellung, anders als viele Presseabteilungen großer Unternehmen, die mit Werbemillionen ihr Image aufpolieren und jedes fremde Foto auf mögliche Imageschäden abtasten müssen. »Oben unter dem Dach haben wir noch eine Abstellkammer mit Matratzen, ist das interessant für Ihr Thema?«, fragte mich dagegen mein Führer durch das Untersuchungsgefängnis Moabit. Auf Berlins höchstes Dach wiederum, die Antennenebene des Alex-TV-Turms, kam ich trotz Fürsprache der Senatskanzlei nicht hinauf. Nicht einmal in den Aufzug. Sicherheit wurde als Begründung vorgeschoben. Als hätte die Telekom etwas zu verbergen.

Die Stiftung der Staatlichen Museen zu Berlin öffnete mir (nach anfänglichem Zögern) fast alle Türen zu den berühmten Dächern des Gesamtkunstwerks Museumsinsel, und so konnte ich zu geführten Wanderungen aufbrechen, die mir wie Expeditionen in eine unbekannte Welt vorkamen.

Die Stiftung Preußische Schlösser und Gärten mit Sitz in Potsdam erlaubte mir zwar auch, im Zuge von Reparaturmaßnahmen mit auf den Kuppelumgang des Charlottenburger Schlosses zu steigen, verlangte aber für den Abdruck der von mir fotografierten Aufnahmen in diesem Bildband ein Honorar pro abgedrucktem Bild. Dass ich als Fotograf für die Dienstleistung einer Begleitung unter fremde Dächer bezahle, sehe ich als selbstverständlich an. Aber für den Abdruck von Fotografien, deren Urheber ich bin, in einem Autorenbildband mit kulturellem Thema auch noch Abdruckhonorare an eine staatliche Stiftung bezahlen zu müssen, widerspricht meinem Rechtsempfinden.

Die Fotografien dieses Bandes entstanden ausschließlich digital mit Spiegelreflexkameras mit hochauflösendem Vollformatsensor, die mir erlaubten, auch mit meinen aus analogen Arbeitsjahren bewährten Architektur-Shiftobjektiven zu arbeiten. Die genutzten Brennweiten reichten von 12 bis 400 mm.

Eines macht mich am Ende meiner Dacharbeiten ein wenig schwermütig: Manches, was auf meinen langen Listen stand, fehlt in diesem Bildband: Büro- und Wohnlofts, Kirchen, Institute, Cafés, die alle abgebildet sein sollten, weil auch sie etwas zu erzählen haben. Einiges hätte ich gerne nochmals, anders fotografiert. Nun, nachdem das Ganze in Form gegossen wurde und kurz vor dem Druck, tauchen diese Bilder im Hinterkopf auf (verstärkt vor dem Einschlafen) und fordern nach Gleichstellung und Veränderung. Postpublishing-Blues nennt meine Frau das. Ein immer wiederkehrendes kurzzeitiges Fieber, denn alles muss einmal ein Ende haben.

Falls Sie mehr über meine Arbeit wissen möchten, schauen Sie unter www.kajofoto.de nach.

Karl Johaentges, Sommer 2008

IMPRESSUM

Bibliographische Information der Deutschen Bibliothek: Die Deutsche Bibliothek verzeichnet diese Publikation in der Deutschen Nationalbibliographie; detaillierte bibliographische Daten sind im Internet über http://dnb.ddb.de abrufbar.

1. Auflage 2008

Herstellung: Hinstorff Verlag GmbH, Rostock
Fotos und Bildbeschreibungen: Karl Johaentges, Hannover
Text: Falk Jaeger, Berlin
Lektorat: Thomas Gallien, Rostock
Gestaltung, Satz, Bildbearbeitung: Michael Narten, Hannover
Druck, Bindung: Benatzky Druck und Medien, Hannover
Printed in Germany

Lagerstraße 7, 18055 Rostock, Telefon 03 81 / 49 69-0
www.hinstorff.de

ISBN 978-3-356-01296-5

DANK

Vor jedem Dach liegt eine – meist verschlossene – Tür. Um auf und unter die Dächer Berlins zu gelangen, bedurfte es deshalb des Verständnisses und der Hilfe vieler Menschen. Bei all den Institutionen, Ämtern und Firmen, die in diesem Band abgebildet wurden, verbinde ich mit der Abbildung auch ein großes Dankeschön. Mein besonderer Dank geht an Cord und Elli Bahlburg-Beghoin sowie an Paul Duwe, die mir von Beginn an mit all Ihren Berlin- und Fachkenntnissen und Anregungen zur Seite gestanden haben. Dank auch an meine in Berlin studierenden Neffen Jens und Ole Jenssen, die mich immer wieder als Scouts und Assistenten begleitet haben. Nicht unerwähnt bleiben darf auch Michael Narten, dies ist der dritte Bildband, den er für mich gestaltet hat. In kreativer Teamarbeit mit ihm und Verlagslektor Thomas Gallien habe ich genau die Berlin-Geschichte erzählen können, die mir vorschwebte. Dank auch Eva Buchholz, die als Verlagsleiterin meinen Vorstellungen vertraute und den Band in dieser Form erst möglich machte. Unverzichtbar war auch die Unterstützung durch meinen Mitarbeiter Manfred Schmidt und meine Frau Jackie. Danke! Zurück nach Berlin: Allen, die mir mit meinem »dritten Auge« Zugang verschafften, die mich unter die Dächer begleitet haben oder die mir mit wertvollen Hinweisen und ihrem Netzwerk geholfen haben, sei an dieser Stelle ganz persönlich gedankt, auch wenn am Ende »ihr« Dach vielleicht nicht in diesem Band abgebildet wurde:

Dr. Joachim Ackermann, Thekla Apitz, Martin Athenstädt, Carola Athmann, Holger Bajohra, Michael Beckord, Dr. Hans-Ulrich Bieler, Kurt Bingel, Anke Biedenkapp, Stefanie Börsch, Niklas Boockhoff, Christian Boros, Karin Brandes, Martina Bulcak, Andy Bull, Karla Camara, Jens Casper, Ella Deipenbrock, Jana Deipenbrock (und natürlich der kleine Lou), Matthias Eckhardt, Herr J. Ehmann, Volker Emersleben, Prof. Helmut Engel, Almut Ernst, Guido Fehlberg, Hans-Georg Felder, Stefan Felmy, Sylvi Finger, Wolfgang Fixson, Heiko Franke, Uwe Fritzmann, Astrid Frohloff, Dr. Wolfgang Gerhardt, Michael Geist, Marion George, Elke Giffler, Rainer Graff, Armand Grüntuch, Michael Grull, Martin Grugel, Joachim Günther, Peter Hahn, Nicola Halder-Hass, Sabine Held, Lothar Heinke, Wolfgang Heine, Sabina C. Held, Adlon, Hans-Olaf Henkel, Arno Hielscher, Elisabeth Hilsdorf, Ulrike Höfken, Corinna Hoffmann, Erica Hoffman, Jürgen Hogrefe, Dr. Martin Hollender, Annette Hüsch, Imam der Sehitlik Moschee, Reinhold Iwersen, Werner Jenke, Dr. Karl Jüsten, Matthias Kahle, Claudia Kaminski, Helmut Kaiser, Ute Kiehn, Dr. Susanne Kiewitz, Dr. Karl-Heinz Klär, Alfons Kluck, Jenny Knabe, Bernd König, Uwe König, Karin Kortmann, Michael Kraft, Dr. Michael Krebs, Renée Krebs, Thomas M. Krüger, Michael Krüger, Dr. Ragnar Kühne, Udo Kühne, Udo Kusch, Birgit Laubach, Klaus Lemnitz, Volker Lensch, Andreas Liesinger, Christopher Linde, Dr. Hagen Lippe-Wiessenfeld, Giovanni di Lorenzo, Jochen Lübke, Jorge und Heike Machold, Silke Manitz, Claus Marquart, Rudi Meisel, Dr. Richard Meng, Dr. Merz, Marco Meyer, Sybille Michel, Henriette Mohr, Frau Moritz, Antje Müller, Hans-Friedrich Müller, Christian Müller, Mario Musy, Mirko Nowak, Johannes Odenthal, Dagmar Oehler, Andrea Oldenburg, Kalin Osman, Mehmed Osman, Katharina Pfeiffer, Jürgen Peukert, Ingo Pott, Melanie von Plocki, Petros Prontis, David Regehr, Dr. Stephan Reimers, Christoffer Richartz, Norbert Richter, Kerstin Riedel, Patrick Ritter, Joachim von Rosenberg, Monica Rösner, Selly Rothholz, Karsten Ruschhaupt, Dr. Claudia Salchow, Dr. Markus Sauerborn, Rudolf Scharmann, Samira Schellhaaß, Susanne Schmaus, Anne Schwarz, Marina Schinke, Manfred Schömann, Bernd Schönberger, Michael Schröter, Karin Schubert, Christian Schulz, Heinz Seesing, Thomas Seichter, Heinz Siepmann, Hermann Simon, Eva Södermann, Ruthild Spangenberg, Dr. Gesine Steiner, Ira Steinkrug, Ilga Stoeppler, Jürgen Stoffregen, Roland Stolte, Sigrid Streifer, Claudia Suckow, Sabine Teismann, Prof. Dr. Ruth Tesmar, André Thiesing, Maria Thomassen, Michael Thoss, Birte Timmermann, Alf und Tasch Trojan, Michaela Veith, Ute Wüest von Vellberg, Annette Weber, Peter Franz Weber, Franziskus Wendels, Susanne Wenig, Dr. Klaus Ulrich Werner, Klaus Wichmann, Werner Wieratalla, Ulf Harald Wies, Frau Wiese, Eva Woyle, Kasimir Wojciechowski, Dr. Klaus Zehner, Petra Ziemer, Hans-Rudolf Zschernack, Brigitte Zypries, sowie Toke, Stine und Rose aus Dänemark.